晶片、石油與美元的三重對決

全球貿易戰

喬友乾 著

在封鎖、制裁與去風險化中，
誰能掌握下一輪全球經濟的勝利規則？

美中角力升溫、歐洲動盪、中東重構，全球權力正加速洗牌

制度與能源成為新戰場，大國間的博弈不再止於軍事

目 錄

序言 ... 005

第1章　全球權力轉移與戰略背景 ... 011

第2章　美國內部壓力與經濟根源 ... 039

第3章　貿易戰的戰術與政策槓桿 ... 073

第4章　對手與盟友的反應 ... 109

第5章　能源與資源戰場 ... 143

第6章　金融市場與全球經濟衝擊 ... 175

第7章　供應鏈重組與產業轉移 ... 209

第8章　科技、資料與心理戰 ... 245

第9章　國際秩序與規則重塑 ... 275

第10章　未來情境與對策 ... 305

■ 目錄

序言

◎規則的消長，決定了權力的流向

　　二十一世紀的國際舞臺，不再只是地圖上的疆界與軍事基地，而是一套由貿易、科技、金融與資料交織而成的無形網絡。這張網絡的走向，影響著國家之間的競爭，也深刻改變了我們的日常生活。

　　冷戰時期的國際秩序，主要由軍事同盟與核武威懾構築；冷戰後，經濟全球化的浪潮將規則與制度推上權力中心。從世界貿易組織（WTO）的多邊談判，到自由貿易協定的雙邊合作；從美元在國際結算與儲備中的霸權地位，到半導體產業鏈的精密分工；從石油、天然氣的能源通道，到資料主權的爭奪，每一條看似遙遠的新聞，背後都是權力角力的縮影。

　　例如：2022 年歐盟啟動的「碳邊境調整機制」（CBAM），表面上是為了減少碳洩漏與促進環保，但實際上對鋼鐵、水泥、化肥等高碳排產業出口國造成了巨大的競爭壓力。這是典型的規則戰：用環保標準包裝貿易壁壘，改變國際競爭的成本結構。

◎為什麼我們需要重新理解這場遊戲？

　　長期以來，全球化被視為單向的大道：商品、資本、技術與人才跨越國界，追求效率與規模。然而近十年，這條大道開始出現岔路──保護主義、地緣衝突、科技封鎖、供應鏈重組⋯⋯這些現象讓全球化不再是無條件的擴張，而是有選擇、有條件的合作。

　　2025 年的川普貿易戰，其實是過去三十年變化的結果。自 2001 年中國加入 WTO 後，美國製造業就業人數從 1,740 萬下降到 2019 年的 1,270

■ 序言

萬，雖然GDP總量提升，但中產階級的收入停滯，加上貿易逆差長期存在，為保護主義政策提供了政治土壤。

理解這些背景，不只是為了知道「誰對誰加了多少關稅」，而是要看清整個國際規則的底層邏輯——誰能制定規則，誰就能影響遊戲的勝負。

◎規則戰的本質：權力的再分配

規則看似中立，其實背後充滿權力。美元成為全球儲備貨幣，不只是因為它穩定，更因為二戰後美國的經濟與軍事實力，使它能主導布列敦森林制度的設計。即使在1971年美元脫離金本位後，石油美元體系仍確保美元在能源交易與國際金融中的核心地位。

但多極化的世界正在改變這種平衡。2010年全球美元儲備占比仍高達62%，到2024年已降至58%，雖然仍是第一，但下降趨勢反映了去美元化的現象。例如：中俄貿易中超過90%已使用人民幣與盧布結算，巴西與阿根廷也嘗試以本幣進行雙邊貿易。

同樣地，WTO多邊機制的影響力也在減弱。從1995年到2015年，WTO爭端解決機制平均每年處理20起以上案件，但2019年上訴機構癱瘓後，許多爭端被迫改在雙邊或區域框架內解決。這直接推動了區域協定的崛起，如跨太平洋夥伴全面進步協定（CPTPP）與區域全面經濟夥伴協定（RCEP）。

◎經濟安全：新時代的國家戰略核心

在現代，經濟安全與國防安全已經密不可分。半導體是最明顯的例子：它不僅是電子產品的零件，更是人工智慧、國防科技與雲端運算的基礎。2022年，美國商務部針對先進製程晶片與製造設備發布出口管制，目的是限制中國在AI與高階運算領域的進展。

能源也是如此。俄烏戰爭爆發後，歐洲天然氣價格一度飆升超過300％，迫使歐盟加速能源轉型與供應來源多元化。德國重啟燃煤電廠、法國加大核能投資，都是在經濟安全壓力下的政策調整。

資料主權則是數位時代的新戰場。歐盟的《一般資料保護規則》（GDPR）與中國的《資料安全法》雖然立場不同，但本質都是限制跨境資料流動，確保關鍵資料掌握在本國控制之內。

◎真實案例與結構性影響

臺灣在半導體供應鏈中的地位，是另一個值得注意的例子。根據2023年統計，臺灣代工產能占全球先進製程晶片90％以上，這讓臺灣在國際談判中擁有戰略籌碼，但也成為地緣政治衝突的焦點。因此，臺灣不僅加大先進製程研發投入，也積極推動美國、日、歐等地的生產布局，以分散風險。

同樣地，日本在2023年對部分半導體製造設備實施出口管制，被普遍解讀為配合美國政策，但其實也是為了保護本國技術優勢。這種政策看似短期會犧牲市場占有率，但長期可能確保產業競爭力。

◎本書的目的與結構

本書不是單純的事件年表，也不是高深的理論研究，而是要提供一張清晰的地圖，幫助讀者在瞬息萬變的國際局勢中找到定位。我們將用具體案例、歷史脈絡與資料分析，拆解看似複雜的國際經濟安全議題。

全書將分為五大主軸：

- ■ 科技與經濟安全——半導體封鎖、AI與雲端運算的戰略價值、資料主權與跨境流通。
- ■ 國際秩序的重塑——WTO的挑戰、區域貿易協定崛起、制裁與反制裁機制。

■ 序言

- 經濟戰略的工具箱 —— 從關稅、非關稅壁壘到補貼與產業政策,解析各國如何運用經濟手段。
- 供應鏈與資源布局 —— 近岸外包、友岸外包、能源與糧食安全、跨產業合作。
- 社會與政治的連動 —— 中產階級焦慮、財富分配、菁英與財團影響力。

◎為什麼是現在?

因為我們正處在規則轉換的臨界點。國際制度正在從單一霸權主導,走向多層次、碎片化的權力結構。這不僅是國與國之間的競爭,也是企業與產業的生存戰。

如果說二十世紀的國際競爭主要看誰擁有更多軍艦與飛彈,那麼二十一世紀的競爭,則要看誰能掌握更多關鍵技術、能源控制權與規則制定權。

希望當你讀完這本書,能不只是知道新聞標題,而是能讀懂它背後的脈絡,理解它與你的生活、投資、工作甚至未來選擇之間的連動。因為在這場規則之戰中,我們每一個人都是參與者,而不是旁觀者。

◎如何閱讀本書

你可以選擇從頭到尾按章閱讀,獲得完整的脈絡與連貫性;也可以根據當前國際事件,直接跳到相關章節。例如:如果新聞上出現「美國加強對某國的晶片出口管制」,你可以直接翻到半導體與科技封鎖那一章,快速理解事件背後的歷史與戰略考量。

我建議在閱讀的過程中,嘗試建立屬於自己的「國際經濟安全地圖」。你可以在腦中想像一張多層次的世界地圖:一層是能源與資源流動,一層是供應鏈與製造,一層是金融與貨幣結算,一層是資料與科技

標準。當你能在不同層之間建立連結時，就能更快地看出事件背後的全局影響。

◎ **本書的閱讀收穫**

(1) 宏觀視野：從單一事件抽離，理解其在全球權力結構中的位置。

(2) 策略思維：掌握各國如何運用規則與經濟工具達成戰略目的。

(3) 跨領域整合：同時看懂科技、能源、金融、資料與制度的互動。

(4) 趨勢預判：在面對不確定的國際環境時，具備更高的分析與預測能力。

希望當你合上最後一頁時，不只是對世界有更多認識，也能更敏銳地捕捉到下一次國際規則變化的訊號，因為在這個時代，看得懂規則的人，才有機會在遊戲中主動出牌。

■ 序言

第 1 章
全球權力轉移與戰略背景

■ 第1章　全球權力轉移與戰略背景

1-1 全球秩序的轉折點：從冷戰後到美國優先

冷戰結束與單極時代的誕生

1991 年蘇聯解體後，世界進入了一個美國獨霸的單極時代。當時，美國在軍事、金融、科技與外交領域全面領先，不僅掌握國際貿易規則的制定權，也能主導世界主要經濟組織的運作。這段時期的國際關係，幾乎圍繞著美國的戰略意志而運轉。

然而，單極格局並沒有持續太久。隨著歐洲加快一體化、東亞經濟成長加速，以及中國製造業的崛起，美國開始面臨多方競爭壓力。這些變化逐漸侵蝕了美國在經濟與政治上的絕對優勢。

全球化的榮景與代價

在 1920 年代到二十一世紀初的二十年間，全球化推動了國際貿易與資本流動的蓬勃發展。跨國企業將生產鏈延伸至成本更低的地區，創造了前所未有的利潤與市場規模。然而，這種模式也帶來了結構性問題：高附加價值的收益集中在少數企業與資本持有人手中，而大量製造業工作職缺流失，重創了美國中產與藍領階層的經濟安全感。

這種社會分化在當時被忽略，因為整體 GDP 與金融市場的成長掩蓋了部分人的困境。但在金融危機爆發後，失落感迅速擴散，成為後來政治民粹化的重要溫床。

多極化與地緣政治競爭

進入 2010 年代，全球權力版圖開始轉向多極化。中國提出跨國基礎建設合作計畫，歐盟在氣候、貿易與數位規範領域發揮更大影響力，印

度與俄羅斯等國也在各自的區域增加存在感。同時，能源市場的變化成為戰略平衡的關鍵，美國透過頁岩革命實現能源自主，大幅減少對中東的依賴，並重新塑造了全球能源談判格局。

資源安全與能源供應鏈的地緣政治化，使得國際衝突的形式不再僅是軍事對抗，更多時候是透過市場、科技與資源掌控來施加壓力。

從全球領袖到美國優先

當美國在全球的領導角色遭遇挑戰時，國內政治氣候也發生了轉變。過去以維護國際秩序為己任的政策，逐漸讓位於保護國內經濟利益的思維。川普上臺後，將這種轉向明確化為「美國優先」的外交與經濟戰略，不再強調國際協調，而是直接用關稅、制裁與單邊協議來爭取短期優勢。

這並不是突如其來的政策，而是長期累積的結構性壓力所推動的結果：收入差距擴大、基礎建設老化、產業外移、以及對全球化紅利分配的不滿，最終匯聚成對外部世界的防禦姿態。

美國戰略轉向的三十年軌跡：從冷戰優勢到 2025 貿易戰的必然

從冷戰後的絕對領先，到面臨多極化世界的競爭與挑戰，美國戰略重心的轉變是一條長期演化的路徑。2025 年的川普貿易戰，不僅是對眼前經濟壓力的回應，更是過去三十年國際秩序變化與國內政治氛圍累積的結果。

1-2 美國說了算：霸權與國家利益

霸權的運作邏輯

美國在冷戰結束後，不僅擁有軍事上的壓倒性優勢，更重要的是建立了一套足以形塑全球規則的制度網絡。這些規則並非單純的國際共識，而是在美國利益的軌道上運行。國際金融體系、貿易秩序甚至科技標準的制定，都在潛移默化中傾向支持美國企業與國家戰略的需求。

這種制度性影響力，比軍事力量更為長久。軍事優勢可以被挑戰，但規則的話語權一旦建立，就能滲透到各國的經濟、法律與市場決策之中，使得美國即便不直接出兵，也能維持影響力。

國家利益優先的核心

在國際舞臺上，美國長期宣稱自己是自由貿易與民主價值的守護者，但實際操作上，所有外交與經濟政策的核心，都是服務於本國利益。當全球化的進程有利於美國跨國企業時，它會推動市場開放；但一旦全球化的成本高於利益，政策方向就會迅速轉向保護主義。

這種靈活且自我中心的政策邏輯，使美國能根據不同時期的需求，不斷調整國際承諾與合作深度。在表面維持制度參與的同時，實際上保留了極高的政策自主性。

菁英網絡與權力集中

美國的政策制定，相當程度上受一小部分政治菁英與財團的影響。這些人在華府、華爾街與矽谷之間形成緊密的人脈圈，能在經濟與政治

議程之間自由轉換角色。他們資助選舉、影響立法、甚至主導對外經濟協議的框架。

在這樣的結構中，即使是表面上由民選政府做出的決策，也往往帶有財團與大型利益集團的影子。對外政策因此不僅是國家利益的投射，更是特定經濟勢力保護自身優勢的手段。

從全球守門人到利益經營者

當美國開始面臨來自其他大國的競爭時，原本以維護全球穩定為目標的戰略，逐漸轉變成以交易思維為核心的經營模式。在這種模式下，軍事同盟被視為談判籌碼，貿易協定變成利益交換的平臺。只要合作有利於美國，它就會被推動；一旦不符預期，則可能被撤回或重新談判。

這種轉向，為日後的貿易戰埋下基礎。當川普將「美國優先」具體化為經濟與外交的指導原則時，他實際上只是將過去隱性存在的政策邏輯公開化、直接化。

霸權運作的核心邏輯：
從規則制定到 2025 貿易戰的延續

美國之所以能長期維持全球影響力，關鍵不在於持續施壓，而在於掌握規則與利益分配的主導權。從制度設計到政策靈活性，從菁英網絡到利益導向，這一切讓美國在面對國際競爭時，能以最有利於自身的方式行動。2025 年的貿易戰，只是這種霸權運作邏輯的最新展現。

第1章　全球權力轉移與戰略背景

1-3 菁英政治與財團力量

菁英與財團的權力結構

在美國的政治與經濟體系中，存在一個跨越選舉週期、超越政黨更替的權力結構。它由財團、政治菁英、媒體與智庫組成，彼此之間透過資金、資源與人脈維繫長期合作。這個結構並不是陰謀論式的祕密組織，而是制度與利益自然演化的結果。

要理解這種結構，必須先回顧美國憲政與資本主義的特性。美國的政治制度雖以民主為核心，但選舉需要龐大資金支持，而龐大資金幾乎只能來自大型企業與高淨值財產的個人。當資金成為政治存活的前提，財團便自然而然獲得了影響政策的入場券。這種制度設計並不違法，甚至被視為「政治參與」的一部分，但實際上卻將政策制定與少數人利益深度綁定。

政治資金與影響力的循環

在總統與國會選舉中，競選經費往往高達數十億美元。候選人為了籌措資金，必須向財團、行業協會、超級政治行動委員會（PAC）爭取捐款。這些捐助並不是無條件的善意，而是一種帶有明確期望的投資。捐款者希望在候選人上任後，能推動對自己有利的法案、放寬特定監管、或爭取政府合約。

例如：在疫情期間通過的多項經濟刺激法案中，就有大量資金流向了大型企業與特定產業。雖然官方解釋為「穩定市場、保護就業」，但不少資金實際上用於回購股票或發放股息，而非直接增加勞工保障。這種資金流向正是財團影響政策的具體表現——它們能在制度框架內合法獲益，同時迴避輿論的過度批評。

菁英網絡的多重角色

這個權力結構的核心人物，往往同時具備多重身分。他們可能曾在政府高層任職，離職後轉入華爾街或矽谷，之後再回到政府任職——這種「旋轉門現象」在美國政治中屢見不鮮。透過這種角色轉換，菁英們累積了龐大的人脈與產業知識，能精準影響政策的制定與落實。

同時，智庫與政策研究機構也在其中扮演重要角色。許多智庫的研究報告，表面上是獨立分析，實際上由特定財團資助並導向特定立場。這些報告會成為國會聽證會的參考文件、媒體報導的依據，甚至直接寫進法案草案中。

媒體影響與輿論塑造

媒體是菁英與財團影響政策的另一個關鍵工具。透過掌握主流媒體與新媒體平臺，權力集團可以設定公共議題的優先順序，放大某些觀點、淡化或忽略其他聲音。例如：當某項政策可能損害財團利益時，媒體輿論可能會集中攻擊政策的副作用；而當政策有利於財團時，則會著重於其帶來的經濟成長或創造就業的效果。

在社群媒體興起後，資訊的傳播速度更快，輿論操控的手段也更細緻。透過演算法推薦、內容行銷與影響者合作，政策的支持與反對聲音可以被有計畫地擴散或壓制，進一步影響民意走向。

國際案例的對照

美國並非唯一存在菁英政治與財團力量交織的國家，但它的影響範圍更為全球化。例如在歐盟，跨國企業同樣積極參與政策遊說，但多集中在單一市場的規則制定；在日本，大型財閥與政府之間的關係更傾向

於產業協調,而非政策直接控制。相比之下,美國的財團不僅深度參與國內政策,還透過海外投資與貿易協定,直接影響其他國家的經濟走向。

舉例來說,一家美國科技巨頭在東南亞推動資料中心建設,表面上是商業行為,但實際上也配合了美國在數位主權與網路安全上的外交策略。這種商業與政治相互交織的模式,使美國在全球議題中擁有多層次的影響力工具。

對貿易戰的影響

在 2025 年川普貿易戰的背景下,這個菁英與財團的權力結構扮演了重要角色。關稅政策的細節、制裁對象的選擇、甚至談判的節奏,都可能受到特定產業的建議或壓力影響。能源企業可能希望透過制裁競爭對手國家來打開出口市場,農業與製造業則希望獲得更多補貼以抵消關稅衝擊。

這些需求不一定完全符合「國家利益」的抽象定義,但在政策制定過程中,往往因為財團的資金與影響力而被優先考慮。這也是為什麼在看似國家層級的貿易戰背後,常常隱藏著產業與企業的精確計算。

長期後果

菁英政治與財團力量雖能在短期內提升美國在國際談判中的靈活性,但長期來看,也可能削弱政策的公共正當性。當民眾普遍認為政策服務於少數人時,對制度的信任會下降,國內的政治分裂會加劇。這種分裂不僅影響國內治理,也會削弱美國在國際舞臺上推動合作的能力。

更重要的是,過度依賴財團利益的政策,容易忽視中長期的社會與

經濟穩定。例如在能源政策上，若過於傾向石化燃料企業，可能延誤能源轉型的時機；在科技政策上，若完全依賴大型平臺企業，則可能壓抑創新與市場競爭。

權力網絡下的國家行為：菁英與財團如何塑造 2025 貿易戰

美國的菁英政治與財團力量是一個制度化且高度運作成熟的權力結構，它並不完全隱蔽，甚至在許多情況下是被社會默許的。這種結構讓美國在國際競爭中擁有靈活性與資源集中度，但也使政策在本質上更傾向保護少數人的利益。2025 年川普貿易戰的諸多決策，正是在這樣的權力網絡中形成與推進的。它提醒我們，在理解國家行為時，不能只看官方立場與外交辭令，更要看到背後推動政策的資金與人脈網絡。

1-4 國際分工與貿易依存度變化

全球化下的國際分工邏輯

國際分工的概念源於比較利益理論——各國應專注於自己最擅長的產業，透過國際貿易交換其他產品與服務，達到資源分配的最大化。這套理論在二十世紀後半期的全球化浪潮中被廣泛應用，並在1990年代到2010年代達到高峰。

在這段期間，國際供應鏈如同精密的齒輪系統，每個國家、甚至每個地區，都在其中扮演特定角色。美國主導研發與品牌行銷，歐洲擅長高端製造與精密工程，東亞負責電子與零組件生產，而新興市場則承擔勞動密集型產業。這種分工模式讓跨國企業能以最低成本組裝產品並銷往全球，創造了驚人的利潤與規模經濟。

然而，這種高度分工的體系同時也帶來了結構性依賴——一旦任何關鍵環節受阻，整個供應鏈就可能停擺。

依存度的擴張與風險累積

在全球化黃金時期，許多國家的經濟成長高度依賴特定貿易夥伴。例如：部分東南亞國家出口中，有超過40％流向單一市場；德國汽車業的供應鏈中，部分零組件幾乎完全依賴中國製造；美國的消費電子產品則嚴重依賴亞洲的生產基地。

這種依賴在穩定時期可以帶來效率與成本優勢，但在突發事件中就會轉化為脆弱性。2020年的新冠疫情便是一個鮮明例子：當中國的工廠因封控暫停運作，全球製造業陷入停擺，從汽車到醫療設備的供應都出現短缺。

依存度不僅是經濟議題，更是政治與安全問題。當某國掌握另一國關鍵產業的供應時，就能在談判中獲得額外籌碼。例如：稀土金屬在電子與軍事裝備中不可或缺，而中國長期控制全球大部分稀土產能，這使得稀土在中美競爭中成為戰略資源。

全球分工的再平衡

近年來，國際分工的格局正在改變。主要原因有三：

第一，地緣政治的緊張局勢，讓各國開始意識到過度依賴單一供應源的風險。

第二，技術進步，特別是自動化與智慧製造，降低了生產成本的區域差異，使部分產業回流本土變得可行。

第三，氣候變遷與永續發展壓力，促使企業在生產與運輸中重新考慮碳足跡問題。

在這些因素推動下，我們看到「近岸外包」（nearshoring）與「友岸外包」（friendshoring）的興起。美國與歐洲的部分製造業轉移到墨西哥、越南、波蘭等相對友好的國家，以分散風險並維持成本競爭力。這種模式雖未完全取代全球化，但正在重塑全球供應鏈的地理分布。

國際貿易依存度的下降趨勢

國際貨幣基金組織的數據顯示，自 2008 年金融危機後，全球貿易依存度（即貿易總額占 GDP 比例）呈現趨緩趨勢。這並不代表國際貿易縮小，而是貿易成長的速度開始落後於全球 GDP 成長。原因之一是服務業在經濟中的比重上升，而服務貿易的跨境性不如商品貿易強烈。

另一個原因是各國在戰略產業上採取了更多自給自足的政策，例如

半導體、生物科技、能源設備等。這種趨勢在中美科技戰中表現得尤為明顯：美國限制高端晶片出口，中國則加大本土研發與生產的投入，雙方都試圖降低對對方的依存度。

半導體產業的依存與轉移

半導體是現代經濟最關鍵的基礎之一，幾乎所有電子產品與關鍵科技都依賴它。然而，全球半導體供應鏈高度集中 —— 設計在美國，製造以臺灣與韓國為主，材料與設備則分布於日本與歐美。這種分工模式在高效率下運作多年，但也意味著任何一個環節受阻，都會對全球產業造成巨大衝擊。

2021 年的晶片短缺，使汽車產業損失數千億美元，許多生產線被迫停工。這場危機讓各國政府意識到半導體依存的戰略風險，紛紛投入資金推動本土製造能力。例如：美國通過《晶片與科學法案》，計劃在本土興建更多晶片工廠；歐盟也提出類似計畫，試圖在未來十年內將本土晶片產能翻倍。

對 2025 年川普貿易戰的啟示

在 2025 年的貿易戰中，國際分工與貿易依存度的變化是政策設計的重要背景。美國在挑選加徵關稅的對象時，往往針對那些對美國依存度高、且影響特定產業利益的產品與供應鏈。這種策略不僅是經濟手段，也是政治施壓工具。

同時，美國也在利用友岸外包與區域供應鏈重組，減少對競爭對手的依賴。這不僅限於製造業，也涵蓋能源、關鍵礦產與科技標準制定。換句話說，貿易戰的目標不僅是眼前的貿易逆差，更是在重塑全球供應鏈格局，為美國爭取長期優勢。

長期影響與挑戰

雖然降低依存度能增加戰略安全，但也意味著放棄部分全球化帶來的成本優勢。企業可能面臨更高的生產與物流成本，消費者則可能承擔更高的價格。對於依賴出口的新興市場而言，大國之間的供應鏈重組可能帶來市場萎縮與外資撤離的衝擊。

此外，過度強調安全與自給自足，也可能導致國際合作空間縮小，加劇全球經濟分裂的風險。長遠來看，如何在安全與效率之間找到平衡，將是各國面臨的共同難題。

供應鏈重塑與依存度轉變：2025 貿易戰的戰略背景

國際分工與貿易依存度的變化，不僅是經濟學上的現象，更是地緣政治與國家戰略的重要變數。從全球化的高度依賴，到近年來的分散化與去風險化，這條演變路徑深刻影響著大國之間的互動模式。2025 年川普貿易戰的許多政策選擇，都可以追溯到這場供應鏈與依存度重塑的過程之中。

1-5 全球化與反全球化的拉鋸

全球化的高峰與隱藏裂痕

二十一世紀初，全球化進入黃金時期。跨國企業在全球尋找最低生產成本的地點，供應鏈分布跨越數大洲，資金在市場之間自由流動。世界銀行與國際貨幣基金組織不斷推動貿易自由化協定，資訊科技則讓跨境交易與文化交流變得空前便捷。對許多國家而言，全球化意味著經濟成長、就業增加與生活水準提升。

然而，這段繁榮背後也埋下了結構性的裂痕。隨著產業外移與自動化進程加快，許多已開發國家的製造業勞工失去了穩定工作，社會貧富差距拉大。經濟成果集中在少數城市與產業，部分地區則陷入經濟停滯甚至衰退。這種不均衡的分配，逐漸轉化為對全球化體系的不滿與反彈。

在新興市場，雖然外資帶來了投資與技術，但也伴隨著環境破壞、勞動剝削與對外資依賴加深等問題。一旦外部需求減弱或資金撤出，經濟就可能陷入危機。

反全球化浪潮的起點

反全球化並非突如其來，它是長期矛盾累積的結果。早在 2008 年金融危機後，許多國家就開始質疑全球化的可持續性。金融市場的高度連動讓危機迅速蔓延，各國政府被迫用納稅人的錢去拯救大型金融機構，加劇了民眾對全球經濟秩序的不信任。

隨後，科技進步帶來了另一層衝擊。數位平臺與自動化使得資本收益遠高於勞動收入，進一步擴大了收入差距。部分人將此歸咎於全球

化，認為開放市場與自由貿易只對跨國資本有利，卻犧牲了本地勞工與社區利益。

在這種背景下，反全球化的政治力量逐漸壯大，開始影響選舉結果與政策走向。川普在 2016 年的勝選，就是這股浪潮在美國的集中表現。

全球化的韌性與調整

儘管反全球化聲浪高漲，全球化並未消失，而是進入了一個「調整期」。許多跨國企業意識到，過度追求成本最低會增加供應鏈風險，因此開始在不同國家分散生產據點。這不僅是地緣政治的反應，也是對疫情、自然災害與市場波動的風險管理策略。

同時，數位貿易與服務全球化仍在持續發展。雲端運算、線上教育、跨境電商等領域的跨國交易，並未因反全球化情緒而停滯。事實上，數位科技正推動一種新的全球化形態，讓資訊與服務跨越國界的速度更快、成本更低。

然而，這種新形態的全球化對基礎設施、數位規範與資料安全的要求更高，也引發了新的國際爭議。例如：跨境資料流通與數位稅收問題，成為各國談判的新戰場。

疫後的全球化回縮與再啟

新冠疫情是全球化進程的一個分水嶺。疫情初期，各國封鎖邊境、限制出口、囤積醫療物資，顯示在危機時刻國家利益優先於全球合作。口罩、呼吸器與疫苗的爭奪戰，成為反全球化情緒的具體展現。

然而，隨著疫情進入控制階段，全球貿易逐漸恢復，但方向已經發生變化。更多企業採取「中國＋1」或「多國布局」策略，減少對單一國

■ 第 1 章　全球權力轉移與戰略背景

家的依賴。越南、印度、墨西哥等國因而成為製造業轉移的新受益者。

此外，疫苗的研發與分配也展現了全球化的另一面——雖然生產與分配存在爭議，但國際科技發展合作、跨國製藥與物流體系，仍在短時間內完成了史無前例的任務，證明全球化在應對跨國挑戰上依然不可或缺。

全球化與反全球化的雙向推力

全球化與反全球化並非非此即彼的零和關係，而更像是一種雙向推力的動態平衡。全球化推動資源與市場的整合，反全球化則提醒各國保留一定的自主與防禦能力。當全球化過度集中於效率而忽視安全時，反全球化的力量就會抬頭；反之，當反全球化導致成本過高、創新受限時，全球化的動能又會回升。

這種拉鋸在國際貿易協定、供應鏈策略與外交政策中都有所展現。例如：在科技領域，美國限制先進晶片出口以保護國家安全，但同時仍需要與盟友合作確保技術標準的一致性，以維持市場優勢。

對 2025 年川普貿易戰的影響

2025 年的貿易戰並非單純的經濟爭端，而是全球化與反全球化力量拉鋸的延伸。川普政府在關稅、出口管制與產業補貼上的政策，反映了對全球化弊端的回應——減少對競爭對手的依賴、保護國內產業、爭取談判優勢。

但同時，美國並沒有完全脫離全球化體系。能源出口、農產品銷售、科技專利授權等領域，美國仍需要全球市場來維持經濟成長。這種「選擇性全球化」策略，使得美國既能利用全球化的優勢，又能在必要時採取反全球化的防禦姿態。

長期挑戰

未來全球化與反全球化的拉鋸，將取決於幾個關鍵因素：

- 地緣政治穩定性：若大國對抗加劇，反全球化政策可能持續擴張。
- 技術創新速度：新科技能否降低生產成本並分散供應鏈，將影響全球化的韌性。
- 氣候變遷與永續壓力：環境政策可能促使供應鏈在地化，減少長距離運輸。
- 國內社會公平：若全球化的利益分配更為均衡，反全球化的政治壓力或將減弱。

這些因素交織下，全球化與反全球化的力量將持續在政策制定中此消彼長，而 2025 年川普貿易戰只是這場長期賽局的一個階段性縮影。

全球化擺錘：在效率與安全之間的貿易戰邏輯

全球化與反全球化的關係，像是一條永遠不會靜止的擺錘，來回擺動在效率與安全、開放與保護之間。它們的互動塑造了當代國際經濟秩序的輪廓，也決定了大國之間競爭與合作的邊界。理解這種拉鋸，才能真正看懂貿易戰背後的深層邏輯，以及它對未來世界格局的長遠影響。

第 1 章　全球權力轉移與戰略背景

1-6 經濟民族主義的抬頭

經濟民族主義的本質與特徵

經濟民族主義（Economic Nationalism）是一種將國家經濟利益置於全球合作之上的政策取向，其核心理念是：國家的經濟安全與獨立性優先於國際市場的整合與效率。這種觀念並不新鮮，它在不同時期、不同國家以不同形式出現，從十九世紀的關稅壁壘，到二十世紀的進口替代工業化，再到二十一世紀的產業保護與技術自主，都是經濟民族主義的具體表現。

經濟民族主義的政策工具包含關稅與非關稅壁壘、進出口限制、外資審查、產業補貼，以及對戰略產業的直接投資或國有化。其支持者認為，這能保護本國產業免受外部衝擊、維持就業、保障國家安全；批評者則指出，過度的經濟民族主義可能導致效率下降、創新受限與國際緊張升高。

二十一世紀的回潮背景

二十一世紀初的全球化浪潮，曾讓經濟民族主義顯得過時。當時，多邊貿易協定與全球供應鏈讓開放市場幾乎成為主流共識。然而，2008 年全球金融危機後，經濟民族主義的聲音開始回流。危機暴露了全球化體系的脆弱性：資本可以瞬間撤離、產業外移造成地方衰退、金融風暴不受國界限制。

進入 2020 年代後，三股力量加速了經濟民族主義的回潮：

1. 疫情的衝擊

各國在醫療物資與疫苗供應上暴露高度依賴外部的風險，促使政府重新考慮本土生產能力。

2. 地緣政治競爭

大國之間的技術戰、能源戰與資源爭奪，強化了「經濟安全」在國家戰略中的地位。

3. 社會不平等加劇

全球化紅利分配不均，催生了要求保護本地產業與勞工的政治壓力。

這些因素疊加，使得經濟民族主義不再是邊緣思潮，而是許多國家的政策主軸之一。

產業政策的轉向

在經濟民族主義框架下，各國紛紛調整產業政策，特別是針對戰略性產業採取保護與扶植並行的策略。這包括：

1. 半導體與科技產業

多國推出巨額補貼與稅收優惠，吸引高端製造回流本土。例如：美國的《晶片與科學法案》、歐盟的《歐洲晶片法案》、日本對先進製程的補助計畫。

2. 能源與關鍵礦產

各國加強對能源基礎設施與資源開採的控制，推動國內供應或與友好國家建立專屬合作。

3. 糧食安全

部分國家限制農產品出口，確保國內市場穩定供應，避免價格因國際波動而大幅上漲。

這些政策不僅反映了經濟民族主義的思維,也顯示各國在全球化與自給自足之間尋求新的平衡點。

疫後的醫療與藥品供應鏈

新冠疫情突顯了醫療與藥品供應鏈的國家安全屬性。許多國家發現,口罩、防護衣、呼吸器甚至基本藥品的原料,幾乎全部依賴進口。一旦供應國自身陷入危機,出口限制便會立即影響到國內醫療體系的運作。

疫情期間,印度一度限制對外出口關鍵藥物的原料,美國與歐洲則爭相與製藥企業簽署優先供貨協議。這種情況使得許多政府在疫情後將醫療物資與藥品列入戰略物資清單,要求建立國內生產能力或至少多元化進口來源。

經濟民族主義與國際合作的張力

經濟民族主義的推行往往與國際合作存在張力。當各國都以本國利益為優先時,國際協定與多邊機制容易陷入僵局。例如:世界貿易組織在處理補貼與貿易爭端時,越來越難在成員國之間達成共識。

然而,經濟民族主義並不等於完全孤立。一些國家在推動本土產業的同時,也積極尋求與特定盟友建立「經濟安全夥伴關係」,以確保供應鏈的穩定。這種「選擇性合作」模式,使得經濟民族主義在實際運作中呈現靈活與務實的一面。

國內政治與社會動因

經濟民族主義的興起,與國內政治生態密切相關。在許多國家,民粹主義政黨利用全球化造成的經濟落差,將保護主義與民族自豪感結

合，塑造出「保護本國免受外來威脅」的政治敘事。這種敘事不僅在經濟政策上具有吸引力，也容易在選舉中動員支持。

社會心理層面上，經濟民族主義迎合了人們對穩定與安全的需求。當全球市場波動加劇、地緣政治風險升高時，強調本土生產與控制的政策能帶來一種可見、可控的安全感，即便它可能以更高的成本為代價。

長期影響與挑戰

經濟民族主義雖能在短期內加強國家在戰略產業上的自主性，但長期可能面臨三大挑戰：

- 成本與效率下降：脫離全球化分工可能導致生產成本上升、創新速度放緩。
- 國際摩擦增加：保護主義政策易引發貿易報復，造成外交與經濟關係緊張。
- 資源分配失衡：過度投入戰略產業，可能忽略其他具潛力的經濟領域。

未來，如何在保障經濟安全與維持全球合作之間找到平衡，將是各國決策者面臨的核心課題。

經濟民族主義回潮：全球化新格局下的戰略並存

經濟民族主義的回潮，不是短暫的政治口號，而是當前國際環境與國內壓力共同推動的結構性趨勢。它既反映了對全球化風險的警覺，也展現了國家在戰略自主上的追求。在未來的國際經濟版圖中，經濟民族主義很可能與全球化並存，形成一種更複雜、更具選擇性的合作與競爭模式。

1-7 地緣政治與能源布局

能源在地緣政治中的核心地位

能源向來是國際政治與經濟的「隱形支柱」。它不僅驅動工業與交通，也是維繫國家安全與外交影響力的戰略資源。在全球化的年代，能源布局與地緣政治早已緊密交織：能源的產地分布、運輸路線、技術掌握程度，無一不影響國際秩序的走向。

地緣政治的競爭，本質上是對資源控制權的爭奪，而能源正是其中最敏感且最具決定性的部分。對能源進口依賴度高的國家，往往需要透過外交、軍事與經濟策略確保供應穩定；而能源出口國則將資源作為外交籌碼，影響國際談判與市場秩序。

能源地圖的重新劃分

過去幾十年，全球能源版圖由中東石油、俄羅斯天然氣與部分煤炭出口國主導。然而，隨著頁岩革命、可再生能源崛起與新型能源技術的突破，能源地圖正逐漸重繪。

首先，美國憑藉頁岩油氣技術，從能源進口國轉變為出口大國，削弱了中東在石油市場上的壟斷地位。

其次，亞洲新興經濟體的能源需求急速成長，促使能源供應鏈向亞太地區傾斜。

最後，風能、太陽能、氫能等綠色能源在部分國家的能源結構中占比逐年提升，降低了對傳統石化燃料的依賴，並衍生出新的國際合作與競爭格局。

1-7 地緣政治與能源布局

能源通道與戰略

能源布局的地緣政治風險，往往集中在少數幾個「戰略咽喉點」。這些地理位置控制著全球大部分的能源運輸路線，一旦發生衝突或封鎖，就會對國際市場造成巨大衝擊。

例如：荷姆茲海峽是全球石油運輸的關鍵通道，任何政治緊張都可能導致油價劇烈波動；麻六甲海峽則是亞太地區能源進口的生命線，受到海盜、地緣衝突與航道事故的多重威脅。

因此，能源進口國不僅關注供應來源，也投入資源確保運輸通道安全，包括海外基地部署、海軍護航與國際海事合作。

能源外交與國際影響力

能源外交是地緣政治的一種延伸形式。能源出口國透過長期供應協議、價格優惠、基礎建設援助等方式，與進口國建立緊密關係，進而影響其外交立場與政策選擇。

相對地，能源進口國則透過投資上游開採、參與能源基礎設施建設、簽署長期採購合同等方式，鎖定供應來源並分散風險。

在多邊場合，能源議題往往與氣候政策、科技合作與貿易談判交織，成為國際議程上的核心議題之一。

能源轉型帶來的新競爭

隨著全球進入低碳轉型時代，能源競爭不再局限於石油與天然氣，而延伸到新能源技術與關鍵原材料的掌控。

風能與太陽能的設備製造需要大量稀土金屬與鋰、鈷等電池原料，這些資源的分布與供應安全正成為新的戰略焦點。

第1章　全球權力轉移與戰略背景

掌握新能源技術與材料供應鏈的國家，未來將在全球能源格局中擁有更多話語權。而未能跟上能源轉型步伐的國家，可能在新一輪地緣政治競爭中被邊緣化。

能源革命觀點下的布局原則

從能源革命的視角來看，未來能源布局需要遵循三個原則：

第一，多元化來源。避免依賴單一能源種類或單一供應國，以分散政治與市場風險。

第二，技術自主化。加強本土能源技術研發與製造能力，降低在設備、專利與專業人才上的外部依賴。

第三，整合外交與能源策略。將能源政策納入國家整體外交戰略，協調貿易、安全與環境政策，形成相互支持的政策體系。

能源與地緣政治的未來交織

地緣政治與能源布局的互動關係，將隨著能源技術進步與全球經濟結構轉變而持續演化。能源不僅是經濟發展的基礎，更是影響國際秩序與權力分配的關鍵變數。對任何國家而言，能否在確保能源安全的同時，靈活應對地緣政治變化，將決定其在未來國際舞臺上的競爭力與戰略地位。

1-8 從多邊到雙邊：國際機制的弱化

多邊機制的黃金時代與隱性衰退

自二戰結束以來，全球貿易與經濟秩序長期依靠多邊機制運作。世界貿易組織（WTO）、國際貨幣基金（IMF）、世界銀行（World Bank）等機構，曾經是協調國際爭端、推動市場開放與促進資金流動的重要平臺。

然而，隨著全球化帶來的利益分配不均、地緣政治衝突升溫以及新興經濟體崛起，多邊機制的運作逐漸陷入僵局。談判回合無限延長、成員國共識難以達成、執行機制形同虛設，使得多邊協商的效率與影響力顯著下降。這種隱性衰退，為雙邊與小多邊協定的興起鋪平了道路。

國際共識困境與制度疲軟

多邊機制的核心挑戰在於成員國利益的高度分歧。

成熟經濟體與新興經濟體在市場准入、補貼政策與環境標準上的立場往往相左，導致協商難以推進。

例如：在農業補貼與智慧財產權保護等議題上，不同經濟體的經濟結構與發展階段差異，使得妥協幾乎不可能。

此外，多邊組織在處理大型經濟體爭端時，往往受到政治壓力影響，缺乏有效的制裁與執行手段，進一步削弱了制度的威信。

雙邊與小多邊協定的崛起

在多邊機制失靈的背景下，各國開始尋求更靈活、更可控的替代方案——雙邊與小多邊協定。

■ 第 1 章　全球權力轉移與戰略背景

　　雙邊協定的優勢在於談判對象有限，能更快速地達成具體結果，且條款可針對雙方需求量身訂做。

　　例如：自由貿易協定（FTA）、雙邊投資協定（BIT）、能源供應長期合同等，都讓參與國在不依賴龐大國際平臺的情況下，獲得實質利益。

　　小多邊協定則通常聚焦於特定議題或區域，如跨太平洋夥伴全面進步協定（CPTPP）、區域全面經濟夥伴關係協定（RCEP），這些架構雖然參與國較多，但規模仍遠小於全球性組織，決策效率相對較高。

權力轉移與制度競爭

　　雙邊與小多邊協定的興起，不僅是制度效率問題，更反映了國際權力的重新分配。

　　大國傾向在雙邊談判中發揮更大影響力，因為他們能利用市場規模、資源優勢與外交籌碼，迫使談判對手接受有利條款。

　　這種情況下，國際經濟規則逐漸呈現碎片化特徵：不同協定之間的規範不一致，標準互不兼容，企業與投資者在跨境經營時必須應對更高的合規成本與制度不確定性。

地緣政治與經濟安全的交織

　　國際機制的弱化與地緣政治風險上升相互作用，促使更多國家將經濟合作與安全戰略綁在一起。

　　能源、科技、基礎設施等領域的協定，往往不僅是經濟安排，也是安全同盟的延伸。例如：一些能源出口國與進口國的長期供應協定，背後同時包含軍事合作與政治支持條款。

這種「經濟－安全」一體化的協定，使雙邊合作的忠誠度更高，但也增加了陣營化對立的風險。

多邊轉向雙邊的必然性

對能源市場的觀察顯示，當資源與供應鏈的戰略價值上升時，國家更傾向於透過可控且直接的雙邊管道確保利益，而非依賴多邊平臺的集體行動。

在能源、糧食與關鍵礦產等戰略物資領域，這種趨勢尤為明顯。透過雙邊協定鎖定供應，既能減少市場波動的不確定性，也能在緊急情況下獲得優先權。

從全球規則到分散秩序

多邊機制的弱化與雙邊、小多邊協定的崛起，正在重塑全球經濟秩序。這種轉變雖然提升了決策效率與靈活性，但也帶來規則碎片化、標準衝突與陣營化對立的風險。

未來的國際經濟舞臺，將不再由單一平臺主導，而是由多個重疊、競爭甚至互斥的制度構成。對各國而言，能否在這個分散秩序中靈活遊走、確保經濟安全與國際影響力，將成為新的戰略課題。

■ 第1章　全球權力轉移與戰略背景

第 2 章
美國內部壓力與經濟根源

第 2 章　美國內部壓力與經濟根源

2-1 美國夢的幻滅與階層固化

美國夢的原始願景

在二十世紀的大部分時間裡,「美國夢」是一種普遍被相信的理念──任何人,不論出身背景,只要努力工作,就有機會改善生活、擁有自己的房子、接受良好教育,甚至達到財務自由。這個夢想吸引了全球無數移民,也支撐了美國國內的社會動能。

它的核心並非單純的財富累積,而是社會流動性(social mobility)──即個人或家庭能夠跨越階層、改善生活條件的能力。這種信念之所以能長期存在,離不開二戰後美國的經濟繁榮、製造業的蓬勃發展,以及大規模的公共投資(如高速公路、公共教育與住房補貼)。

然而,進入二十一世紀後,這個夢想開始動搖。社會流動的通路變窄,貧富差距拉大,階層固化現象愈加明顯。對許多美國人來說,「努力就能成功」不再是可行的現實,而更像是一種遙不可及的口號。

階層固化的經濟根源

階層固化的背後,是多重經濟與制度因素交織的結果。

首先,教育資源的不均衡擴大了出身差距的影響。美國的公立學校經費主要依賴地方房產稅,高收入社區的學校資源充足、師資優良,而低收入地區則面臨教學資源匱乏、師資流失的困境。這意味著孩子從出生起,就站在不同的起跑點上。

其次,醫療與住房成本的飆升,壓縮了家庭可支配收入。即使有穩定工作,許多中低收入家庭也難以累積足夠的資本進行長期投資,陷入「收入剛好覆蓋生活」的循環。

再者,科技進步與全球化改變了勞動市場結構。大量中等技能的製造業與辦公室工作被外包或自動化取代,而新增的高薪工作多集中在高科技與金融領域,需要高學歷與專業技能,進一步拉大了高低階層的差距。

從「流動的社會」到「鎖死的樓梯」

二十世紀中葉,美國的社會結構像一個開放的樓梯,人們可以透過教育與努力一步步往上爬。然而,今日的美國更像是一個階梯被鎖住的建築——上層的門緊閉,下層的人很難突破現有位置。

皮尤研究中心的調查顯示,與上一代相比,現在的美國年輕人更有可能停留在父母的收入階層,而不是向上流動。甚至有不少人向下流動——比父母那一代的生活條件更差。

社會學家指出,這種固化效應的形成,除了經濟結構的轉變,還與文化因素有關。中上階層家庭會積極投資於子女教育、人脈與課外活動,形成「文化資本」優勢,而低收入家庭則因資源有限難以提供同等支持,導致代際差距進一步擴大。

疫情與階層鴻溝的擴大

2020年的新冠疫情,進一步加劇了階層固化的現象。高收入者多數能在家辦公,收入影響有限,甚至因股市與資產價格上漲而財富增加;而低收入者則集中在零售、餐飲、物流等需要現場工作的行業,不僅面臨健康風險,還因封鎖與需求下降而失業或減薪。

同時,遠距教育的普及讓教育資源差距更加明顯。擁有高速網路、安靜學習環境與家長輔導的學生,能較容易適應線上課程;而缺乏這些條件的學生則出現課業落後,甚至輟學的情況。疫情的衝擊,使得原本已經存在的階層差距被進一步放大。

第 2 章　美國內部壓力與經濟根源

中產階級的流失與兩極化社會

美國的中產階級長期被視為社會穩定的基石。然而，近二十年來，中產階級人口比例逐漸下降，社會結構呈現「兩頭大、中間小」的兩極化趨勢。

中產階級的流失有兩個主要方向：部分人因收入與資產成長而晉升為高收入階層，但更多人則因工作流失、負債增加或生活成本上升而跌入低收入階層。這種結構性轉變，使得社會共識與政治穩定受到挑戰，因為不同階層的利益與價值觀分歧擴大。

美國夢的信任危機

當階層固化與社會兩極化持續發展，「美國夢」的可信度逐漸下降。許多年輕人不再相信努力工作就能換來更好的生活，而是認為成功更多取決於家庭背景與既得資源。

這種信任危機，不僅影響個人動機，也改變了整個社會的氛圍。部分人轉向尋求短期高報酬的機會，例如投機性投資、即時經濟模式；另一些人則對現有制度失去信心，支持激進的政治改革或更極端的政策立場。

長期影響與潛在轉機

階層固化對經濟與社會的長期影響不容忽視。它可能削弱創新與創業的活力，因為社會流動性低會限制人才的釋放；它也可能加劇政治極化，因為不同階層間缺乏共同利益與理解基礎。

然而，危機也可能催生改革的動能。一些州與城市開始嘗試教育資源均衡化政策、基礎收入試驗與可負擔住房計畫；聯邦層面則討論調整

稅制、加強基礎設施投資與勞動權益保障。雖然這些措施仍有爭議，但它們反映了社會對階層固化問題的日益重視。

美國夢的幻滅與重燃：階層固化下的未來抉擇

「美國夢」從曾經的普世信念，走向今日的幻滅與質疑，其背後是一連串經濟結構變遷、制度設計缺陷與全球化衝擊的結果。階層固化不僅是一個經濟問題，更是影響社會穩定與政治走向的深層因素。未來，美國能否重建社會流動性與公平機會，將直接決定這個夢想是否有機會再次被點燃。

2-2 產業空洞化與製造業回流

產業空洞化的形成背景

美國「產業空洞化」並非一夕之間發生,而是長期結構性變化的結果。自二十世紀末起,美國的製造業開始大量外移,特別是在汽車、鋼鐵、家電與電子裝配等領域。背後原因包含全球化的推進、國際貿易自由化,以及跨國企業對成本最小化的追求。

對企業而言,將生產線搬到勞動成本較低的國家,可以立即降低製造成本,並提升利潤率。在短期財報與股東報酬的壓力下,許多公司選擇這條道路。然而,這種策略雖然在財務上短期有效,卻在長期上削弱了本土製造業的基礎。

隨著生產外移,許多中西部城市的工廠關閉,勞動力市場出現結構性失業。失業者即使找到新工作,往往只能進入低薪、不穩定的服務業。這種轉變不僅影響了個人收入,也削弱了地方政府的稅收與公共服務能力。

空洞化的經濟與社會後果

產業空洞化帶來的影響是多層次的。經濟層面上,本土製造業的縮減削弱了出口能力,使貿易逆差長期存在。同時,供應鏈外移增加了對外部市場的依賴,一旦國際局勢動盪或物流中斷,本國經濟便容易受衝擊。

社會層面上,工業社區的衰退引發人口外流、房地產價值下降與犯罪率上升。原本依賴製造業支撐的中產階級逐漸消失,社會結構趨向兩極化。教育與技能培訓的不足,讓失業工人難以轉型進入新興產業,形成長期的就業困境。

此外，產業空洞化也影響了國家安全與技術自主。一些關鍵產業，如半導體、醫療器材與能源設備，一旦完全依賴進口，便可能在國際衝突或供應中斷時陷入被動。

製造業回流的政策動因

進入 2020 年代後，多重因素推動美國重新關注製造業回流的重要性。疫情是催化劑之一 —— 防疫物資與藥品的供應危機暴露了過度依賴海外生產的風險。地緣政治緊張則進一步強化了這種意識，特別是在高科技與戰略性產業領域。

政府開始透過政策引導製造業回流，例如提供稅收優惠、直接補助與基礎設施投資。半導體產業是最明顯的例子，《晶片與科學法案》為企業在美國本土設廠提供巨額資金支持，以確保先進製程回流。

除了聯邦層面的政策，州政府也積極參與競爭，為吸引製造業投資提供土地、基礎設施與勞動力培訓計畫。這種「地方招商戰」雖然可能導致區域間的稅收競爭，但也反映了各地對製造業的戰略價值共識。

全球供應鏈重組的契機

製造業回流並不意味著完全放棄國際分工，而是將重點放在關鍵產業與高附加價值製程的本土化。許多企業採取「中國＋1」策略，將部分產能移回美國，或分散到其他國家如越南、墨西哥與印度，以降低單一國家風險。

同時，數位化與自動化技術的進步，使得高成本國家的生產競爭力有所提升。智慧工廠、機器人製造與 3D 列印等技術，能在降低勞動成本依賴的同時，提高生產靈活性與品質控制，為製造業回流提供了可行性基礎。

然而，供應鏈重組需要時間與資本投入。企業必須平衡短期成本與長期韌性，並考慮市場需求、物流成本與政策穩定性等因素。

案例觀察：美國半導體的戰略回歸

半導體產業是美國製造業回流的核心戰場。長期以來，美國在設計與研發上保持領先，但製造環節多集中在亞洲，特別是臺灣與南韓。隨著地緣政治風險增加，美國政府決定重建本土先進製程能力。

英特爾、台積電與三星相繼宣布在美國設立新廠，並獲得政府補助與稅收優惠及川普關稅戰的威脅。這些投資不僅是經濟行為，更帶有戰略與安全考量。然而，本土建廠也面臨挑戰，包括高昂的勞動成本、專業技術人才短缺，以及與全球供應鏈的協調問題。

製造業回流的限制與風險

雖然製造業回流在政策與輿論上獲得支持，但它並非萬靈丹。首先，並非所有產業都適合回流，本土生產在某些領域的成本競爭力難以與海外匹敵。其次，過度集中於國內生產可能降低國際合作機會，甚至引發貿易夥伴的不滿與報復。

此外，回流計畫需要長期投入才能見效，如果政策方向隨著政府更替而頻繁變動，將削弱企業投資的信心。更重要的是，製造業回流必須伴隨技能培訓與教育改革，否則即使工廠回來，本地勞動力也可能無法勝任高科技製造的需求。

長期策略與結構調整

真正可持續的製造業回流，不應僅限於將生產線搬回美國，而是重塑產業結構與價值鏈定位。這需要同時在三個層面發力：

- 技術創新：透過研發投資保持高附加價值優勢，避免與低成本國家直接競爭。
- 供應鏈韌性：建立多元化的供應網絡，確保在危機時有替代方案。
- 人力資本培育：加強科學、技術、工程與數學教育，提升勞動力品質。

這種策略需要政府、企業與教育機構的協同合作，並且要有超越政治任期的長期承諾。

從產業空洞化到製造業回流：美國重建優勢的長期戰略

產業空洞化讓美國失去了部分經濟韌性與社會穩定性，而製造業回流則是對這一問題的結構性回應。雖然挑戰重重，但透過技術升級、供應鏈重組與人力資本培育，美國仍有機會在新一輪全球產業競爭中重建優勢。關鍵在於，這場回流不能只是短期的政策口號，而必須成為跨世代的國家戰略。

2-3 財富分配與貧富差距

財富分配的核心問題

　　財富分配是社會經濟結構中最敏感且影響深遠的議題之一。它不僅關乎經濟數據上的收入與資產比例，更反映了社會資源的分配邏輯、權力結構與機會平等的實現程度。當財富過度集中於少數人手中，社會的流動性與活力便會受到嚴重影響，甚至可能引發政治與制度的不穩定。

　　理想情況下，財富分配應該兼顧效率與公平：一方面鼓勵創新與投資，一方面確保社會成員能分享經濟成長的成果。然而，現實中的分配往往向效率傾斜而忽略公平，導致收入與資產差距不斷擴大。

全球貧富差距的惡化趨勢

　　二十一世紀初，全球化與科技進步的確帶動了經濟總量的成長，但財富的累積速度在不同族群之間極不均衡。全球最富有的 1% 人口，掌握的資產總額已超過全球資產的一半；而最貧困的半數人口，則幾乎沒有可觀的淨資產。

　　這種情況並非單一國家的現象，而是全球普遍存在的結構性問題。在已開發國家，高收入階層透過資本市場、房地產與股權投資實現財富快速增值；而中低收入階層的主要收入來源是薪水，成長速度遠低於資本收益。

　　在新興經濟體，雖然經濟成長帶動了部分人口脫離貧困，但收入與財富差距同樣在擴大。尤其在疫情後，資本市場的反彈與資產價格的飆升，進一步拉大了擁有資產者與無資產者之間的鴻溝。

美國的財富集中現象

作為全球最大的經濟體，美國的財富分配狀況在國際間具有代表性。過去數十年，美國最富有的1%人口的財富占比持續上升，而中產階級的財富占比則顯著下降。

造成這一現象的原因複雜，主要包括：

1. 資本報酬率高於薪資成長

股市與房地產的報酬率長期高於薪資增幅，導致有資產者與無資產者之間的差距擴大。

2. 稅制結構不均

資本利得稅率低於勞動所得稅率，使得高收入階層能以更低稅負累積財富。

3. 教育與技能差距

高等教育成本高昂，限制了低收入家庭子女獲得高薪工作的機會，形成代際財富差距。

根據近年的數據，最頂端10%的美國人掌握了全國近七成的資產，而底層半數人口的資產總額不到全國的3%。這種結構使得經濟成長的成果無法廣泛惠及社會多數人，反而加劇了政治與社會的撕裂。

疫情加速的資產分化

2020年的新冠疫情，成為加速財富分配不均的轉折點。疫情期間，許多低收入者因封鎖政策而失業或減薪，而高收入者多能保有工作甚至因遠距辦公模式節省支出。同時，全球央行大規模的貨幣寬鬆政策推高了股市與房地產價格，讓持有資產的人獲得了巨大的財富成長。

例如：美國股市在疫情初期短暫暴跌後迅速反彈，科技巨頭的市值屢創新高；而房地產市場因低利率與供應不足而價格飆升，進一步鞏固了資產階層的優勢。相反，沒有資產的民眾，即使在經濟復甦中也無法直接受益。

財富差距的社會影響

當財富差距擴大到一定程度，會在社會層面引發多重後果：

(1)社會流動性下降：低收入族群難以透過教育或職業晉升改善生活，形成階層固化。

(2)消費市場分化：高收入者消費需求集中於奢侈品與高品質服務，而低收入者則受限於生活必需品，導致市場結構兩極化。

(3)政治極化：不同階層在稅制、社會福利與政府支出等議題上的立場差距擴大，增加政治對立。

(4)社會不滿情緒累積：長期的不平等可能引發抗議、罷工甚至社會運動，挑戰現有制度的合法性。

國際對照與制度啟示

一些北歐國家在財富分配上相對均衡，原因包括高稅收與高社會福利制度、全民教育與醫療保障，以及積極的勞動市場政策。這些制度設計雖然在經濟效率上可能有所犧牲，但在維護社會穩定與長期成長方面發揮了作用。

然而，這種模式並非完全可複製，因為它依賴於特定的歷史文化背景與社會共識。但它提供了一個啟示：公平的財富分配需要制度性設計，單靠市場機制難以自發達成。

改變分配結構的可能路徑

要改善財富分配不均的狀況,可以從以下幾個方向著手:

(1)稅制改革:提高資本利得稅與遺產稅比例,減少稅收制度對高收入者的偏向。

(2)公共投資:加強教育、醫療與住房保障,降低低收入家庭的結構性負擔。

(3)促進資產累積:透過配對儲蓄計畫、員工持股與社會投資基金,幫助低收入者建立資產基礎。

(4)勞動市場改革:提高最低工資、加強工會力量,讓薪資成長更接近資本報酬率。

財富集中與公平困境:在效率與正義之間尋找平衡

財富分配與貧富差距問題的本質,不僅是收入數據的差異,更是制度設計與經濟結構的反映。當財富過度集中,社會流動性減弱,經濟成長的成果無法被廣泛分享,就會為社會穩定與政治共識帶來長期挑戰。未來,任何試圖重建公平與信任的改革,都必須正視財富分配的核心矛盾,並在效率與公平之間找到新的平衡點。

第 2 章　美國內部壓力與經濟根源

2-4 危機下的政策底線

底線思維的政策意義

在政策制定領域,「底線思維」是一種以最壞情況為出發點的風險管理策略。它要求決策者在面對不確定性時,不僅要追求最佳結果,更要確保即使情況惡化到最糟,國家或組織仍有足夠的承受力與應對方案。

對國家而言,底線思維並非悲觀主義,而是一種理性防禦。它的核心是設定明確的風險邊界,提前預判可能出現的衝擊,並確保政策不會超出社會、經濟與安全的承受範圍。這種思維在和平與繁榮時期容易被忽視,但在危機之中卻是維持穩定的關鍵。

危機時刻的決策挑戰

當國家面臨突發事件,例如疫情、金融危機或地緣政治衝突,政策制定者常常需要在極短時間內作出重大決定。這時,如果缺乏底線思維,就容易陷入短期應急與長期影響的矛盾之中。

例如:在經濟衰退中,過度刺激可能帶來短期復甦,但同時積累財政赤字與通膨壓力;而反之,過度緊縮則可能拖慢復甦,甚至引發社會不滿。底線思維的作用,就是在這種兩難之間找到最能確保穩定的平衡點。

疫情下的政策底線案例

2020 年的新冠疫情,為全球各國的政策底線思維提供了一次大型壓力測試。不同國家在疫情防控與經濟保護之間的取捨,暴露了底線設定的差異。

部分國家在疫情初期即採取嚴格封鎖與邊境管制，雖然短期內對經濟造成巨大衝擊，但有效降低了醫療系統崩潰的風險，為疫苗研發與醫療物資準備爭取了時間。這種做法的底線是「不允許公共衛生系統被壓垮」，即使付出經濟代價也在所不惜。

相對地，也有國家選擇在防疫與經濟之間採取更寬鬆的平衡，底線設在「避免經濟全面停擺」，結果是疫情反覆爆發，雖然短期經濟活動維持，但醫療與公共信任承受了長期損害。

財政與金融領域的底線

底線思維在財政與金融政策中同樣重要。當政府面臨大規模支出需求時，必須設想在債務與赤字擴張的情況下，國家是否仍能維持信用與金融穩定。

例如：許多國家在疫情期間採取了前所未有的財政刺激與貨幣寬鬆政策，雖然成功防止了經濟崩潰，但也推高了資產價格與通膨壓力。底線思維要求在推行刺激措施的同時，預留回收流動性與恢復財政平衡的空間，避免政策陷入無法逆轉的局面。

地緣政治與國家安全的底線

在地緣政治風險升高的背景下，底線思維不僅是經濟策略，更是國家安全戰略的重要組成部分。當國際局勢不穩，供應鏈、能源與糧食安全成為政策底線的核心考量。

例如：能源進口依賴度高的國家，會將「確保關鍵能源供應不被切斷」作為底線，進而推動能源多元化與儲備策略。同樣，對於高科技依賴進口的國家，確保核心技術與製造能力的本土化，也成為底線思維的一部分。

第 2 章　美國內部壓力與經濟根源

底線設定的三個關鍵步驟

1. 辨識核心風險

明確判斷哪些風險一旦發生會對國家造成不可逆的傷害，例如醫療系統崩潰、金融體系失序或糧食供應中斷。

2. 評估承受能力

測量國家在財政、資源與社會韌性上的實際承受範圍，確保底線設定在可執行的範圍內。

3. 建立應對預案

為可能突破底線的情況準備替代方案，包括資源調配、法律授權與國際合作機制。

這三個步驟看似簡單，但在實際操作中需要跨部門協作與高度的政治決斷力。

從防禦到主動：底線思維的進化

傳統的底線思維多強調防禦，即避免最壞情況發生。然而，在快速變動的世界中，僅有防禦是不夠的。更進一步的底線思維，應該將防禦轉化為主動塑造未來的能力。

例如：面對氣候變遷，底線思維不僅是防止極端天氣造成經濟崩潰，更是提前布局綠色能源轉型、發展低碳產業，以減少未來的系統性風險。這種主動性的底線設定，能將危機轉化為新一輪成長的契機。

國際合作與底線思維

在全球化的體系下,許多風險具有跨國性質,例如疫情、金融危機與氣候變遷。這意味著,底線思維不應僅限於國內,還必須納入國際合作的框架。

當國家在設定底線時,若忽略與其他國家的協調,可能導致政策外溢效應。例如:一國的糧食出口限制雖能保護本國供應,但可能引發國際糧價上漲,進一步威脅其他國家的穩定。反之,透過多邊合作設定共同底線,能在更大範圍內維持系統穩定。

危機中的護欄:底線思維的國家治理價值

底線思維在危機管理中的價值,在於它迫使決策者直面最壞情況,並提前做好防範。這不僅是一種生存策略,更是一種長期競爭力的保障。在高度不確定的時代,沒有底線思維的政策,就像是在沒有護欄的懸崖邊駕駛,任何一次失誤都可能帶來災難。未來,無論是經濟、政治還是環境領域,底線思維都將是國家治理不可或缺的一部分。

■ 第 2 章　美國內部壓力與經濟根源

2-5 貿易逆差與美元霸權

美元霸權的起源與機制

美元霸權的基礎，源自二戰後建立的布列敦森林制度。當時，美國憑藉其龐大的黃金儲備與經濟實力，將美元與黃金掛鉤，並讓其他國家的貨幣與美元掛鉤。這不僅讓美元成為國際貿易與儲備的主要貨幣，也使美國擁有了前所未有的經濟影響力。

即使 1971 年美國正式結束美元與黃金的兌換關係，美元的國際地位依然穩固。原因在於，美國經濟規模龐大、金融市場高度流動且透明，加上政治與軍事力量支撐，使美元成為全球信任的價值儲存與交易媒介。

美元霸權的運作機制，有幾個關鍵要素：

- 國際貿易結算：大量國際貿易以美元計價，特別是石油與大宗商品。
- 外匯儲備：全球央行將美元作為主要儲備貨幣，支撐其穩定性。
- 金融市場吸引力：美國國債被視為安全資產，吸引全球資金流入。

這種機制讓美國在全球經濟中處於核心位置，但同時也與貿易逆差的結構性問題密切相關。

貿易逆差的結構性特徵

貿易逆差指的是一個國家進口的商品與服務總值長期高於出口。美國自 1970 年代起，幾乎每年都存在龐大的貿易逆差，尤其在與中國、德國、日本等國的雙邊貿易中更為顯著。

傳統觀點認為，持續的貿易逆差會削弱一國的製造業基礎，增加對外依賴，並可能導致貨幣貶值。然而，美國的情況卻並非如此 —— 即使逆差長期存在，美元依然保持強勢，且美國仍能吸引大量國際資本流入。這背後的原因，就是美元的國際貨幣地位。

在「美元－逆差」循環中，美國透過進口大量商品滿足國內消費需求，支付的美元流向出口國；這些出口國又將美元投入美國金融市場或購買美國國債，形成資金回流。這使得美國能在沒有立即財政壓力的情況下，長期維持龐大的貿易逆差。

美元霸權與貿易逆差的互賴關係

美元霸權與貿易逆差之間，存在一種互相支撐的結構。美元的國際地位，使美國能以本國貨幣購買全球資源與產品，降低國際收支失衡帶來的風險；反過來，美國龐大的進口市場也鞏固了美元在國際貿易中的結算地位。

這種結構帶來了美國的「特權」：

- 鑄幣稅收益：美國能以低成本發行美元，換取真實資源與商品。
- 低利率融資：美元資產的全球需求，使美國能以相對低的利率籌資。
- 經濟與外交槓桿：美元結算與金融制裁手段，讓美國在國際政治中擁有額外影響力。

然而，這種結構並非沒有風險。一旦美元信用受到動搖，資金回流可能中斷，貿易逆差與財政赤字的壓力將迅速顯現。

第 2 章　美國內部壓力與經濟根源

全球挑戰與美元地位的變化

近年來，美元霸權面臨更多挑戰。多國推動貿易多元化與去美元化，尤其是在地緣政治摩擦與制裁頻繁的背景下，部分國家尋求以本國貨幣或第三方貨幣結算。

例如：中俄在能源貿易中增加人民幣與盧布結算比例；金磚國家討論建立獨立於美元的清算系統；歐盟推動歐元在能源與高科技貿易中的使用比例。雖然美元在國際結算中的占有率仍超過四成，但已從十年前的高峰略有下降。

此外，數位貨幣與區塊鏈技術的發展，也可能在未來對美元霸權構成潛在威脅。如果數位貨幣能在跨境支付中降低成本、提高效率，那麼國際結算的貨幣選擇可能會更加多元。

2020 年後的真實案例觀察

疫情後，美國的貿易逆差創下歷史新高。主要原因包括：

- 國內刺激政策推高消費需求，特別是對進口商品的需求；
- 全球供應鏈不穩，導致部分美國企業增加海外採購量以確保供貨；
- 美元走強，使進口商品相對便宜，進一步擴大逆差。

與此同時，美元指數在全球金融市場動盪時反而走高，因投資人將其視為避險資產。這突顯了美元霸權的韌性，但也顯示美國經濟對外部資本的高度依賴。

長期風險與結構調整的可能性

雖然美元霸權短期內不會被取代,但長期來看,過度依賴美元優勢與逆差循環,可能削弱美國的產業基礎與金融穩定性。未來的調整可能包括:

- 促進出口競爭力:透過製造業回流與技術創新,縮小貿易逆差。
- 強化美元信用:維持財政紀律與通膨穩定,避免削弱國際信心。
- 推動多邊合作:在全球金融規則制定中保持領導地位,以防美元被邊緣化。

美元特權與逆差平衡:美國經濟的雙面刃

貿易逆差與美元霸權是美國經濟結構中一體兩面的現象。美元的國際地位,讓美國能夠長期承受龐大的逆差而不陷入危機,但這種優勢並非永恆。隨著全球經濟多極化與去美元化趨勢的推進,美國必須在享受美元特權的同時,積極調整貿易結構與財政策略,才能維持長期的國際競爭力與經濟穩定。

2-6 中產階級的經濟焦慮

中產階級的定位與角色

在現代經濟結構中，中產階級一直被視為社會穩定與經濟繁榮的中堅力量。他們通常擁有穩定收入、一定資產，並在消費市場、納稅體系與社會文化中扮演關鍵角色。健康的中產階級不僅是國家經濟成長的推進器，更是社會信任與制度穩定的保障。

然而，近二十年來，中產階級的生活壓力與經濟焦慮感逐年上升。即便在統計數據上，他們的收入看似穩定，但面對生活成本的節節攀升、資產市場的兩極化，以及職業競爭的加劇，這個族群的安全感正在被侵蝕。

經濟焦慮的多重來源

1. 生活成本的持續上漲

在許多已開發國家，尤其是城市化高度集中的地區，住房、教育與醫療的成本漲幅，遠遠超過薪資成長。即使收入屬於中位數以上的家庭，也會因為房貸、學貸與醫療支出而感到沉重壓力。

以美國為例，疫情後的低利率政策推高了房價，導致許多中產家庭為了購屋不得不承擔數十年的高額債務；而教育費用則讓家長在子女升學問題上不得不提前多年開始儲蓄，甚至影響日常生活品質。

2. 資產市場的兩極化

中產階級的資產結構通常以自住房與退休基金為主，對股票、創業投資等高風險資產的參與度相對有限。這意味著，在資本市場繁榮時，

真正受益的多是高資產階層；而在市場下行時，中產階級卻無法有效分散風險，甚至會因房地產或退休基金縮水而陷入焦慮。

3. 職業安全感的下降

全球化與自動化的加速，使得原本穩定的中層職位逐漸消失或轉型。特別是在疫情之後，遠距工作模式加劇了跨境競爭，許多企業選擇將部分業務外包至人力成本更低的國家，讓本土中產階層感到職業不確定性增加。

4. 稅負與福利制度的壓力

在多數國家，中產階級是稅收的主要來源，但享受到的社會福利卻相對有限。這種「高稅收、低報酬」的感受，加深了他們對制度公平性的質疑。

疫情後的焦慮升級

2020年的新冠疫情，成為中產階級經濟焦慮的放大鏡。一方面，疫情導致供應鏈中斷、物價波動與生活模式改變，使得家庭支出結構產生劇烈變化；另一方面，疫情加速了數位化與自動化的滲透，許多原本穩定的職業面臨轉型壓力。

特別是在高通膨的環境下，中產階級的可支配收入被快速侵蝕。即使薪資有所調整，也難以跟上生活成本的上升速度，導致購買力下降，進一步加劇對未來的焦慮感。

中產階級的心態轉變

長期的經濟壓力，使得中產階級在消費、儲蓄與投資行為上出現顯著轉變：

1. 保守消費

越來越多家庭選擇推遲大額支出,如購屋、換車與旅遊,轉而優先償還債務或建立緊急基金。

2. 謹慎投資

雖然對資本市場有一定參與,但傾向於低風險資產,如債券、定存或指數型基金,避免過度波動。

3. 職涯多元化

為了降低單一收入來源的風險,不少中產階級開始經營副業或自由職業,甚至跨領域學習新技能。

這些轉變反映出,他們正用更務實的態度應對不確定性,但同時也顯示對未來缺乏信心。

全球視角下的中產焦慮:制度差異與共同壓力

在不同國家,中產階級的焦慮來源雖有共通性,但也受各自制度影響。例如:

1. 北歐國家

雖然生活成本高,但完善的福利制度在一定程度上緩解了焦慮。即便如此,面對全球化與科技轉型,北歐中產階層也感受到職業競爭與稅負壓力。

2. 亞洲經濟體

如日本與南韓,中產階級的焦慮更多來自長期經濟成長停滯與人口老化,造成稅收基礎縮小與養老負擔增加。

3. 美國與英國

中產階級的焦慮則集中在房價與教育成本，這兩項支出幾乎決定了家庭的財務自由度。

政策與社會應對

為了緩解中產階級的經濟焦慮，政策層面可以從以下幾方面著手：

(1) 住房政策改革：增加可負擔住房供應，防止房地產過度投機化。

(2) 教育資源普及：降低高等教育成本，並推動職業技能培訓，幫助勞動力適應產業轉型。

(3) 稅制優化：調整稅收結構，減輕中產階級的直接稅負，同時確保公共服務品質。

(4) 社會保障強化：擴大醫療與養老保障，減少家庭在重大風險事件下的經濟衝擊。

中產焦慮與未來安全感：重建社會中堅的關鍵

中產階級的經濟焦慮，不僅是收入與支出的數字差距，更是對未來生活穩定性的擔憂。隨著全球經濟環境的不確定性增加，這種焦慮感可能持續發酵，進而影響消費、投資與社會穩定。唯有透過制度改革與經濟結構調整，才能讓中產階級重新找回安全感與信心，並持續扮演經濟與社會的中堅角色。

■ 第 2 章　美國內部壓力與經濟根源

2-7 勞動市場變化與失業問題

勞動市場的結構性轉變

在二十一世紀的全球經濟中，勞動市場正經歷一場深層次的結構轉型。全球化、科技創新、人口變化與國際貿易的重組，正在同時改變工作的性質、地點與價值。與以往的週期性經濟波動不同，這些變化並不會隨景氣循環而消失，而是將長期塑造勞動力需求與失業型態。

在全球化的背景下，製造業與部分服務業工作持續外移至勞動成本較低的國家，導致傳統中等技能職位逐漸萎縮；同時，高技能職位需求上升，低技能勞動則多集中在不易外包的內需型行業，形成「兩極化就業」結構。

這種轉型使得許多勞動者面臨職業安全感下降的壓力，特別是在教育與技能未能及時升級的情況下，更容易陷入結構性失業。

國際貿易與就業的再分配效應

國際貿易理論認為，自由貿易能促進資源的最佳配置，帶來總體福利的提升。然而，在實際運作中，貿易利益的分配並不均衡。當一國開放市場與低成本國家競爭時，雖然消費者能享受更便宜的商品，但部分產業與勞工將因競爭加劇而失去工作機會。

例如：在北美自由貿易協定（NAFTA）實施後，美國製造業特定部門的就業大幅減少，雖然服務業與高科技領域出現了新職位，但許多受影響的勞工難以直接轉換到這些新職務，形成長期失業或收入下降。

在疫情後的供應鏈重組中，部分製造業確實回流到高成本國家，但這些回流的生產往往高度自動化，需要的工人數量遠低於過去，且對技能的要求更高，這意味著即使製造業回來了，也未必能創造大規模就業機會。

科技創新與自動化的衝擊

除了國際貿易，科技創新是改變勞動市場的另一股強大力量。人工智慧、機器人、自動化生產線與雲端運算的普及，使得大量重複性與流程化的工作被取代。不僅是製造業，銀行櫃員、行政助理、資料輸入員等白領工作，也在逐步消失。

與以往工業化時代不同的是，這一波科技替代的速度更快、覆蓋範圍更廣，且影響到更多中產階級職位。當技術進步超過勞動力再培訓的速度，結構性失業便會持續存在。

此外，「平臺經濟」的興起雖然創造了新的工作機會，例如外送員、共享車司機與自由接案者，但這些職位通常缺乏穩定收入與社會保障，使勞工處於更脆弱的經濟狀態。

疫情後的勞動市場重構

2020 年的新冠疫情不僅打擊了全球經濟，也加速了勞動市場的結構性轉變。遠距辦公的普及使得企業在全球招募人才成為可能，增加了跨國競爭；同時，供應鏈中斷與需求波動，讓許多勞動者必須在不同產業間靈活轉換。

在許多國家，服務業特別是餐飲、觀光與零售，在疫情期間損失大量就業機會，即便經濟重啟，也因自動化設備與線上服務的取代而無法完全恢復。這導致失業結構發生變化——更多人從「暫時失業」轉為「永久性退出特定行業」。

另一方面，疫情催生了醫療照護、物流配送、數位科技等領域的就業需求，但這些新職位對技能要求較高，且地理分布不均，造成部分地區與族群難以受益。

第 2 章　美國內部壓力與經濟根源

失業的多元型態

現代失業不再只是「沒有工作」，而是呈現出多元型態：

- 週期性失業：隨經濟景氣波動而變化，如經濟衰退時的裁員潮。
- 結構性失業：由產業結構變化與技能錯配引起，短期內難以解決。
- 摩擦性失業：勞動者在換工作期間的短暫失業。
- 隱性失業：表面上有工作，但收入低、保障差，無法滿足基本生活需求。

在全球化與科技變革的背景下，結構性失業的比例正逐漸上升，成為各國政策必須優先解決的問題。

政策應對與制度創新

面對勞動市場的劇變與失業挑戰，各國可以從以下幾方面著手：

1. 再培訓與終身學習

政府與企業應建立靈活的職業技能培訓系統，幫助勞動者快速適應產業轉型。例如：提供短期密集課程，讓傳統製造業工人掌握數位化與自動化的技能。

2. 社會保障制度改革

現有的失業保險制度多針對傳統僱傭關係設計，對自由職業者與平臺經濟勞工的保障不足。未來需要建立更具包容性的社會安全網，覆蓋多元就業形態。

3. 促進就業創造

政府可透過基礎設施投資、綠能轉型與公共服務擴張，直接創造新的工作機會，同時引導資金流向具備長期發展潛力的產業。

4. 區域經濟平衡發展

對於產業外移與就業流失嚴重的地區，應實施有針對性的經濟復甦計畫，吸引新產業投資並改善基礎設施。

變動中的勞動市場：從結構性失業到韌性就業的轉型之路

勞動市場的變化與失業問題，不僅是經濟數據的變動，更是全球化、科技創新與國際貿易重組共同作用的結果。在這個過程中，單純依賴市場力量無法解決結構性失業，必須透過制度創新、技能培育與社會保障改革，為勞動者建立一條能持續適應變化的安全軌道。唯有如此，勞動市場才能在不斷變動的國際環境中保持活力與韌性。

第 2 章　美國內部壓力與經濟根源

2-8 國債與財政壓力的擴張

國債擴張的時代背景

國債的存在本身並不必然是壞事。適度舉債可作為政府調節經濟、應對危機與進行長期投資的重要工具。然而，當國債規模長期高速成長，超過經濟成長與財政收入的承受能力時，就會成為拖累國家經濟與金融穩定的沉重包袱。

二十一世紀初，全球化與金融市場自由化，使各國更容易籌集資金。特別是在美國、歐洲與日本等已開發國家，低利率與龐大的資本流動，讓政府能以相對低成本發行國債。這種便利雖然降低了短期融資壓力，卻也讓政府更容易在政治壓力下透過舉債應對結構性問題，而非進行根本改革。

疫情爆發後，各國為了穩住經濟、保護就業與醫療體系，大規模擴張財政支出，國債規模呈現跳躍式成長。根據國際金融數據，全球政府債務在短短三年間增加了近 20 兆美元，創下歷史新高。

國債與財政壓力的連動

國債本質上是政府對未來收入的預支，因此債務規模的持續上升會帶來財政壓力。這種壓力表現在幾個層面：

1. 利息支出增加

當債務規模龐大時，即便利率維持低檔，利息支出也會占據財政預算的相當比例。若利率上升，這筆支出更可能迅速膨脹，擠壓教育、基礎建設與社會福利的資金空間。

2. 政策彈性下降

高債務水準使政府在面對新危機時的應對空間受限,因為再舉債可能觸發市場對償債能力的疑慮,進而推高融資成本。

3. 信用評級風險

信用評級機構會根據債務與財政狀況調整國家評級,一旦被下調,不僅影響融資成本,還可能引發國際資本撤離。

4. 通膨與貨幣風險

若政府透過中央銀行大量購買國債(貨幣化債務),短期可穩定市場,但長期可能推升通膨,侵蝕居民購買力。

債務高牆與美元特權:美國財政的雙重挑戰

美國國債擴張的速度與規模,足以作為全球觀察的樣本。疫情前,美國的聯邦債務已超過 GDP 的 100%;疫情後的財政刺激計畫,使債務占比在短時間內逼近 130%。

美國的特殊之處在於,其國債以美元計價,而美元是全球主要儲備貨幣,這讓美國在理論上有更大的舉債空間。但這種優勢並非無限。一旦市場對美國的財政紀律與政治穩定產生懷疑,資本流出與美元貶值的壓力可能同時發生,對經濟造成雙重打擊。

近年,美國國會在債務上限問題上的多次爭執,已經顯示出政治分裂對財政穩定的威脅。雖然每次都在最後關頭避免違約,但這種不確定性本身會削弱國際信心。

■ 第 2 章　美國內部壓力與經濟根源

其他主要經濟體的情況

除了美國，歐洲與日本同樣面臨高債務挑戰。

- 日本：國債占 GDP 比例長期超過 200%，雖然低利率與本國投資者持有率高，暫時避免了債務危機，但在人口老化與勞動力縮減的背景下，財政壓力仍在累積。
- 歐洲：部分南歐國家如義大利與西班牙，在主權債務危機後雖有改革，但疫情期間的支出再次推高債務，對歐元區財政整合造成壓力。

在新興市場，高債務與外債比例高的國家更容易受到匯率波動與資本外流衝擊，例如斯里蘭卡與阿根廷近年的債務危機，都是在外部融資環境收緊時迅速惡化的案例。

利率環境的轉變與風險加劇

在長期低利率環境中，龐大的國債似乎並不構成立即危機。然而，隨著 2022 年後各國央行為了抑制通膨而快速升息，利息支出的負擔開始急劇上升，債務脆弱性的問題被放大。

對高債務國家而言，升息不僅增加償債成本，也可能引發再融資風險——到期債務需要以更高成本展期，導致財政惡化的惡性循環。這種情況下，即使沒有發生債務違約，市場信心的下降也可能造成本幣貶值與資本外流，間接引發金融危機。

財政壓力的社會與政治後果

當國債與財政壓力擴張到一定程度，政府可能被迫削減公共支出或提高稅收，這往往引發社會不滿與政治動盪。例如：部分歐洲國家在債務危機後推行的緊縮政策，雖然穩定了財政狀況，但也造成失業率上升與民生困難，催生了民粹政治與社會抗議。

此外，高債務環境下的財政政策容易陷入短期化，政治領導人傾向於採取能立即取悅選民的措施，而不願推行長期結構改革。這種惡性循環會進一步削弱經濟的可持續性。

可能的解決路徑

1. 經濟成長優先

最有效的減債方式是透過經濟成長擴大稅基，使債務占 GDP 比例下降。這需要長期的產業升級與創新投資，而非僅靠消費刺激。

2. 財政紀律與制度化約束

設定明確的債務上限與中期財政目標，並透過法律或憲法約束避免過度舉債。

3. 支出結構優化

優先保障教育、基礎建設與研發等能提升長期生產力的支出，削減低效率與重複性的項目。

4. 多元化融資管道

降低對單一市場或貨幣的依賴，透過國際合作與多邊機構尋求穩定資金來源。

5. 貨幣政策配合

在不引發高通膨的前提下，適度利用中央銀行購債維持市場穩定，但必須有退出機制。

國債時代的平衡術：在成長與穩定之間尋找出路

國債與財政壓力的擴張，是當代全球經濟面臨的核心挑戰之一。高債務本身並不可怕，關鍵在於其背後的經濟成長能力、財政紀律與市場信心。未來十年，若全球利率維持高位，債務管理將成為各國政府的優先課題。唯有在成長與穩定之間找到平衡，並推動結構性改革，才能避免國債從政策工具轉變為經濟的致命負擔。

第 3 章
貿易戰的戰術與政策槓桿

第 3 章　貿易戰的戰術與政策槓桿

3-1 關稅作為戰略武器

關稅的雙重屬性：經濟與政治

關稅表面上是經濟政策的一部分，主要功能在於調節進出口、保護本國產業與籌集財政收入。然而，在全球化與地緣政治高度交織的時代，關稅早已超越了純經濟工具的範疇，成為可以影響外交關係、國際秩序，甚至是全球資本流向的戰略武器。

傳統的經濟理論認為，關稅會提高進口商品的價格，降低消費者福利，並可能引發貿易夥伴的報復性措施。然而在實務上，許多國家在特定情況下會選擇忽略短期經濟成本，將關稅作為談判籌碼或施壓手段，藉此迫使對方在其他政策領域作出讓步。

關稅武器化的歷史與演變

過去的關稅政策大多基於產業保護，例如十九世紀美國對歐洲製造品徵收高關稅，以扶植本土工業。然而，進入二十世紀末與二十一世紀後，關稅的應用逐漸帶有明顯的地緣政治色彩。

在多邊貿易體系相對穩定的時期，關稅戰的風險較低，各國更傾向透過世界貿易組織（WTO）解決爭端。但隨著多邊體系的弱化與地緣政治摩擦升高，單邊加徵關稅重新成為主要經濟大國的政策選項。這種趨勢在 2018 年後的美中貿易摩擦中達到高峰，關稅被用作全面施壓的工具，涉及高科技、能源、農產品等多個領域。

關稅的戰略功能

當關稅被作為戰略武器時,其功能已不僅僅是經濟層面,還包括:

1. 談判籌碼

關稅可用來迫使貿易夥伴在談判中作出讓步,例如降低本國企業在外國市場的準入門檻,或修改特定的政策法規。

2. 產業重構

在高關稅保護下,本國政府可以爭取時間扶植特定產業,尤其是在戰略性領域如半導體、能源設備與國防科技。

3. 政治信號

單邊加徵關稅往往帶有明確的政治意圖,例如懲罰被認為違反國際規則或威脅本國安全的國家。

4. 國內政治操作

在某些情況下,關稅政策更直接服務於國內政治,例如爭取特定選民族群的支持或穩固特定產業的利益。

2020 年後的案例觀察

疫情與地緣政治緊張使得關稅作為戰略武器的使用更為頻繁。

1. 美歐關稅爭端

在政府補貼爭議中,雙方互相加徵鋼鋁與農產品關稅,最終透過談判達成暫停措施。這個過程顯示,即使在盟友之間,關稅依然是有效的談判工具。

2. 美國對東南亞太陽能板關稅

為了防止中國透過第三國轉口規避關稅，美國對越南、馬來西亞等國生產的太陽能板徵稅，目的不僅是貿易保護，也是能源政策與產業鏈安全的延伸。

3. 印度對中國電子產品關稅

印度在邊境衝突後，對部分中國電子產品與應用程式施加限制與關稅，結合了貿易與國安考量。

關稅武器化的風險與代價

雖然關稅在短期內可能達到戰略目的，但也存在長期風險：

1. 貿易夥伴報復

對方可能以同等或更高的關稅反制，損害本國出口與相關就業。

2. 全球供應鏈扭曲

高關稅會促使企業調整供應鏈，可能導致生產成本上升與效率下降。

3. 多邊體系受損

頻繁的單邊加徵關稅削弱了 WTO 等多邊機構的威信，使國際貿易規則更加碎片化。

4. 通膨壓力

當關稅提高進口商品價格時，消費者與企業成本上升，可能推高通膨。

關稅戰略的最佳化原則

要將關稅有效作為戰略武器,必須考慮以下原則:

(1)精準鎖定目標:應針對具政治或經濟影響力的產業與商品,而非全面性徵稅,避免過度擴散衝擊。

(2)配合其他政策工具:關稅應與技術標準、補貼政策、出口管制等工具協同運作,形成整合性的政策組合,提升產業競爭力與戰略自主性。

(3)設定退出機制:避免長期維持高關稅造成產業依賴與市場扭曲。

(4)結合外交策略:在實施關稅的同時,開啟談判管道,確保政策能轉化為實際的外交與經濟成果。

關稅與未來的國際經濟秩序

隨著全球化進入調整期,關稅戰略可能會在更多領域被使用,特別是在關鍵技術、能源轉型與供應鏈安全等方向。然而,若主要經濟體無法在多邊框架內協調,關稅衝突可能成為長期常態,增加全球經濟的不確定性。

未來的挑戰在於,如何在保護本國利益與維護國際合作之間找到平衡點。對於中小型經濟體而言,靈活應對與多邊合作將是避免被捲入大國關稅對抗的重要策略。

3-2 非關稅壁壘與反傾銷

非關稅壁壘的定義與特徵

在國際貿易領域，關稅是一種最直觀的進口限制方式，但它並非唯一工具。許多國家在降低關稅承諾的背景下，轉而透過非關稅壁壘影響貿易流向。非關稅壁壘的特點是形式多樣、靈活性高，往往不直接表現為價格變化，而是透過制度、技術與規範，影響商品與服務進入市場的難易度。

非關稅壁壘的主要類型包括：

- 技術性貿易壁壘：如產品安全標準、檢驗檢疫流程、環保規範等。
- 進口配額與許可制度：限制特定商品的進口數量或要求特定許可。
- 國內補貼與政府採購政策：透過財政支持提升本國產品競爭力，間接抑制進口。
- 原產地規則：規定產品必須在一定比例的國內生產或加工才能享受優惠關稅待遇。

這些措施在國際貿易談判中往往比關稅更具爭議，因為它們表面上是合法的國內政策，卻可能在實質上構成隱性貿易保護。

反傾銷作為防禦性工具

反傾銷是針對外國企業以低於公平市場價值的價格出口產品，對本國產業造成實質損害時採取的防禦性措施。具體操作包括徵收反傾銷稅，將進口商品的價格提升至被認為合理的水準，以恢復公平競爭環境。

反傾銷措施的流程通常包括三個步驟：

(1)調查立案：由受影響產業提出申訴，政府相關部門啟動調查。

(2)確定傾銷幅度：比較出口價格與正常價值（通常為出口國內銷售價格或生產成本加合理利潤）。

(3)確認損害：評估傾銷是否對本國產業造成實質損害，並決定反傾銷稅的徵收幅度與期限。

反傾銷的核心在於防止「不公平競爭」，但也常被用作保護主義的工具。

非關稅壁壘的戰略意義

非關稅壁壘之所以受到重視，是因為它具有幾個戰略優勢：

1. 靈活性與可調整性

技術標準與檢驗規範可以根據需求隨時更新，不像關稅那樣受制於國際協定的明確上限。

2. 合法性外衣

多數非關稅措施可被解釋為保護消費者安全、公共健康或環境的正當行為，使國際爭端更難直接指控為違反貿易規則。

3. 產業升級工具

高標準技術規範不僅能阻擋低價競爭者，還能倒逼國內企業提升品質與創新能力。

新型貿易壁壘崛起：從碳稅到反傾銷的多重博弈

近年來，非關稅壁壘與反傾銷措施的應用範圍明顯擴大，尤其是在地緣政治緊張與產業鏈重組的背景下。

1. 歐盟碳邊境調整機制（CBAM）

以減少碳排為名，對進口鋼鐵、水泥、化肥等產品徵收基於碳排放的額外成本，實際上對高碳排放國家的出口構成明顯壓力。

2. 美國對亞洲鋼鋁產品的反傾銷調查

美國商務部多次對來自越南、韓國與中國的鋼鋁產品啟動反傾銷流程，目的在於維護國內製造業競爭力，同時阻止透過第三國轉口的行為。

3. 印度對電子產品的技術標準要求

印度提高對進口手機與電子零組件的安全與品質要求，被認為是限制中國與其他低成本生產國產品進入的重要手段。

4. 澳洲對葡萄酒與大麥的反傾銷稅

在外交關係緊張的背景下，澳洲對某些進口產品施加高額反傾銷稅，兼具經濟與政治考量。

非關稅壁壘與反傾銷的風險

儘管非關稅措施與反傾銷看似合理，但過度或頻繁使用可能帶來負面效果：

1. 報復性措施

受影響國家可能採取對等反制，導致貿易摩擦升級。

2. 增加企業成本

嚴格的技術與檢驗要求會推高外國與本國企業的合規成本，最終轉嫁到消費者。

3. 影響供應鏈穩定

當關鍵零組件受到限制時，可能導致整個產業鏈延誤與成本上升。

4. 國際形象受損

若被認為濫用反傾銷與非關稅措施，可能損害一國在國際貿易體系中的信譽。

最佳化運用策略

若要有效利用非關稅壁壘與反傾銷，必須掌握幾項原則：

1. 建立科學依據

技術標準與檢驗規範必須有明確的科學與安全理由支撐，以免被視為赤裸裸的保護主義。

2. 鎖定關鍵產業

將措施集中於戰略性行業與高附加價值領域，避免全面擴散影響整體經濟。

3. 與外交談判結合

在採取措施的同時保持談判空間，確保衝突可控且能轉化為有利結果。

4. 定期評估成效

避免措施成為長期市場壁壘，阻礙本國產業的國際化發展。

戰略性貿易防禦：非關稅壁壘與反傾銷的雙刃效應

　　非關稅壁壘與反傾銷已成為現代國際貿易政策的核心工具，尤其在多邊體系不穩與大國博弈加劇的背景下，這些工具能在維護國內產業、促進技術升級與施加國際壓力之間發揮多重作用。然而，這種戰略性使用必須平衡長期利益與短期收益，避免在全球供應鏈與國際合作中製造過多不可逆的裂痕。

3-3 科技出口管制與晶片戰

科技出口管制的戰略意義

在全球化的初期階段，科技與產品的流動速度之快、範圍之廣，使各國普遍相信技術交流與自由市場有助於共同繁榮。然而，隨著科技逐漸與國防安全、產業競爭及國際權力結構緊密結合，科技出口管制重新成為地緣政治賽局的核心工具之一。

科技出口管制指的是政府對具有戰略意義的技術、產品或設備進行出口限制，以防止這些資源被潛在對手用於軍事、監控或其他可能威脅國家安全的用途。這不僅是國安手段，也是經濟與外交的槓桿，能影響全球供應鏈布局與產業發展節奏。

在過去十年，最明顯的戰場莫過於半導體與晶片產業。晶片已經成為現代科技的「石油」，是人工智慧、通訊、國防、能源乃至日常電子設備的基礎。誰掌握了高端晶片製造與設計的能力，誰就能在未來的科技與經濟競爭中占據主導地位。

晶片戰的爆發背景

半導體產業的價值鏈高度全球化，不同環節分布於不同國家與地區。例如：美國與英國在高端設計領域具領先優勢，日本與荷蘭掌握關鍵製造設備，臺灣與韓國是全球最重要的先進製程代工中心，而中國則在中低階製造與封測環節快速追趕。

這種分工模式雖然提高了效率，但也造成戰略脆弱性。一旦發生地緣政治摩擦，供應鏈的某一環節被切斷，整個產業鏈都可能陷入停擺。2020 年後，美中科技競爭的加劇，使晶片供應鏈成為焦點。

第 3 章　貿易戰的戰術與政策槓桿

美國的管制策略

美國在晶片戰中的優勢來自三個方面：

(1) 核心技術與設計架構：如先進 CPU 與 GPU 的架構設計，以及電子設計自動化（EDA）軟體。

(2) 高端製造設備：透過與荷蘭、日本等盟友合作，掌握光刻機、沉積設備等關鍵製造工具的出口控制。

(3) 盟友網絡：透過國際合作與政治施壓，將出口管制範圍延伸到非美國企業。

自 2022 年起，美國多次頒布出口管制措施，限制中國取得先進製程設備與高性能運算晶片，涵蓋的範圍不僅包括實體產品，還包括技術服務與人員支援。這些政策旨在延緩中國在人工智慧與高端運算領域的進展。

中國的應對策略

面對出口管制，中國採取「自主可控」與「技術突圍」的雙軌策略：

- 加大研發投入：政府與企業共同投入半導體設計與製造的研發資金，加速技術自給率的提升。
- 擴展國內市場：透過政策引導國內企業優先採用本土晶片與設備，降低對外依賴。
- 多元化供應來源：嘗試從東南亞、中東與俄羅斯等地尋找替代供應商，分散風險。

雖然短期內仍難以完全替代先進製程能力，但中國已在成熟製程與特定應用晶片領域取得突破，部分領域甚至形成規模化生產能力。

臺灣與韓國的關鍵地位

臺灣與韓國作為全球最重要的晶片製造基地,夾在大國科技博弈之間。這兩地的半導體企業必須在遵守出口管制與維持市場占有率之間取得平衡。

- 臺灣:在先進製程(如2奈米、3奈米)保持領先,與美國合作緊密,但同時也是全球與中國市場的重要供應者,面臨市場與地緣政治的雙重壓力。
- 韓國:在記憶體晶片領域占有壟斷地位,必須考量出口管制對全球客戶與供應鏈穩定的影響。

這種「技術依賴＋市場依存」的雙重結構,使得臺灣與韓國在晶片戰中既是關鍵棋子,也是風險承擔者。

晶片戰的全球影響

1. 供應鏈重組

出口管制迫使企業重新評估供應鏈配置,將生產與研發分散到不同國家,以減少政策風險。

2. 成本上升與創新減速

當產業鏈因政治因素被迫切割,企業必須投入額外成本建立冗餘產能,長期可能減緩全球創新速度。

3. 新興市場機會

雖然先進製程受限,但成熟製程與專用晶片市場需求仍在成長,為新興市場國家提供切入機會。

4. 多邊合作壓力

出口管制可能削弱多邊貿易體系，促使各國尋求「科技同盟」，加深全球分化。

出口管制的風險與挑戰

1. 反制措施

被管制國家可能對關鍵原材料（如稀土、鎵、鍺）實施出口限制，對全球高科技產業造成衝擊。

2. 技術繞過

企業可能透過第三國或複雜的供應鏈結構規避管制，削弱政策效果。

3. 市場流失

過於嚴格的管制可能讓本國企業失去重要市場，影響長期競爭力。

未來趨勢

晶片戰不會在短期內結束，反而可能擴展到更多技術領域，包括人工智慧演算法、量子運算與先進材料等。未來的科技出口管制將更精準、更有針對性，同時伴隨更複雜的國際協調與情報監控。

對企業而言，關鍵在於建立「政策韌性」，即在研發、供應鏈與市場布局上，隨時準備應對政策變化。而對國家而言，則必須在保護技術優勢與維持全球市場占有率之間，找到一條平衡的路徑。

3-4 阿米巴激勵體系與企業韌性

阿米巴經營模式的核心精神

阿米巴經營模式是一種將企業劃分為多個小型獨立經營單位的管理方法，每個單位稱為「阿米巴」，其核心目標是讓每個阿米巴像一間小公司一樣，自主制定計劃、管理成本、創造收益，並與其他阿米巴協同合作。這種模式的特點是把管理權下放到最貼近市場的一線團隊，讓員工不只是「被管理者」，而是「經營參與者」。

在傳統組織架構中，決策權多集中在高層，基層員工的行動空間有限。然而在快速變化的市場環境中，資訊的時效性與靈活應變能力往往決定競爭力。阿米巴模式的價值就在於，它將決策鏈條縮短，讓最了解市場需求的人，有權立即做出行動，提升了反應速度與組織韌性。

激勵機制與責任落地

阿米巴激勵體系的運作並不僅僅是組織劃分，更重要的是在財務核算與績效評估上的透明化與責任制。每個阿米巴單位都必須獨立計算營收、成本與利潤，並將資料定期回饋到全公司的管理平臺。

這樣的制度設計有幾個好處：

- 明確責任歸屬：每個單位都清楚知道自己對公司整體業績的貢獻與責任，避免「搭便車」現象。
- 即時調整策略：資料透明化讓各阿米巴能迅速發現問題，並及時採取改進措施。

- 以利潤為導向：激勵制度直接與利潤表現連結，讓團隊在追求市場占有率的同時兼顧財務健康。

企業韌性與分散化優勢

韌性是指企業在面臨衝擊或危機時，能迅速恢復甚至轉化挑戰為機會的能力。阿米巴模式天然具備韌性優勢，因為它將企業分解成多個相對獨立的單位，降低了單一部門失誤對整體的影響。

例如：疫情期間許多集中式管理的公司因供應鏈中斷或單一市場需求萎縮而陷入困境，但採用阿米巴模式的企業可以依據不同地區的市場狀況，讓各單位自主調整策略：某些阿米巴轉向線上銷售，另一些則專注於在地化產品開發。這種分散化反應，大幅提升了組織的存活率與市場適應力。

阿米巴模式下的全球應變力：從製造到綠能的靈活實踐

1. 日本製造業集團的應變

某日本製造業巨頭在疫情初期，海外工廠受限於封鎖措施無法運作，但該企業在其他國家設有多個阿米巴單位，各自掌握不同的生產技術與市場管道。透過靈活調度，該公司不僅確保了主要客戶的供貨，還在部分市場擴大了占有率。

2. 歐洲綠能企業的市場布局

一家歐洲能源公司將研發部門劃分為多個阿米巴單位，每個單位專注於不同再生能源技術。當政策補助與市場需求在不同國家有變化時，各單位能迅速轉向當地最有利的技術路線，避免集團研發資源集中於一個可能失敗的方向。

3. 臺灣科技業的供應鏈彈性

某臺灣中型科技公司在阿米巴模式下，將供應鏈管理拆分為不同地區的獨立單位。當美國出口管制影響到部分零件供應時，東南亞阿米巴單位立即啟用當地替代供應商，確保出貨不中斷。

激勵與文化的結合

阿米巴激勵體系不只是數字遊戲，更是一種文化塑造。當員工感受到自己是「經營者」而不只是「執行者」時，他們會更關注公司的長期利益，而非短期指令。

這需要領導層在以下幾方面持續投入：

- 經營理念的傳達：讓每位成員理解公司使命與價值觀，確保各阿米巴在自主運作時不偏離大方向。
- 資料素養培養：幫助員工讀懂財務報表與市場數據，使其能根據資料做出決策。
- 跨單位合作氛圍：避免各阿米巴陷入內部競爭，透過共同目標與利潤分享機制促進合作。

風險與挑戰

儘管阿米巴模式與激勵體系有助於企業韌性，但也存在風險：

- 短視行為：部分單位可能過度追求短期利潤，犧牲長期發展。
- 內部壁壘：單位之間若缺乏協調，可能形成資訊孤島，降低整體效率。

■ 第 3 章　貿易戰的戰術與政策槓桿

- 領導力不足：自主經營需要有能力的領導者，若領導層水準不均，將影響單位表現。

因此，阿米巴激勵體系必須與強大的企業文化與領導力培訓結合，才能真正發揮作用。

未來的發展方向

隨著數位化與遠距工作的普及，阿米巴模式將與資料管理平臺、人工智慧輔助決策系統相結合，使各單位能在即時獲取市場資訊的同時，利用智慧分析工具做出更精準的決策。

此外，跨國企業在推行阿米巴模式時，可以將激勵機制與 ESG（環境、社會、治理）指標綁定，確保各單位在追求利潤的同時，也兼顧永續發展與社會責任。

3-5 國防與經濟安全連結

安全概念的轉變

在過去的戰略思維中,國防安全與經濟政策往往被視為相對獨立的領域:國防關注軍事力量的建構與外部威脅的防範,經濟則著眼於生產、貿易與資本流動。但進入二十一世紀後,這種劃分變得模糊,經濟安全逐漸成為國防戰略的一部分。

經濟安全不僅涉及確保國內經濟運行的穩定,還包括維護關鍵產業與基礎設施的自主性、掌握戰略資源供應,以及防範外部經濟脅迫。當經濟安全被納入國防框架時,政策制定者必須同時考量軍事部署與產業鏈韌性,因為現代衝突早已不只發生在戰場,也在金融市場、能源管道、數據網路與港口碼頭。

產業鏈作為戰略資產

當前全球供應鏈高度國際化,但同時也暴露出脆弱性。一旦關鍵節點被封鎖,影響範圍遠比傳統戰爭中的軍事打擊更廣。半導體、能源、稀土、糧食等產業已被多國列為戰略資產,管理方式與國防資源相似。

例如:某些先進國家在審核外國直接投資時,不僅評估資本來源是否合規,還檢視投資是否可能導致關鍵技術外流或產業控制權轉移。這種審查制度本質上是以國防安全邏輯管理經濟活動,因為一旦關鍵技術掌握在潛在對手手中,可能在未來形成軍事與經濟雙重威脅。

第 3 章　貿易戰的戰術與政策槓桿

能源與國防的互相依存

能源供應安全是經濟安全與國防安全交集最明顯的領域。現代軍事力量的運作高度依賴穩定的能源來源，包括燃料、電力與戰略儲備。若能源供應鏈被切斷，不僅民生經濟受影響，軍事行動能力也會顯著下降。

近年來，部分國家加強對能源基礎設施的防護，例如將港口、煉油廠、天然氣輸送管道列為重點保護目標。同時，能源政策也與地緣政治布局結合，例如建立多元進口來源、發展再生能源以降低對特定地區的依賴。這些措施雖然是經濟政策的一部分，但背後考量的是國防層面的韌性建構。

科技優勢與國防整合

現代戰爭的競爭焦點不再僅是軍事裝備的數量，而是科技的品質優勢。人工智慧、量子運算、衛星通訊、無人機與網路安全等技術，既能在民用領域帶來經濟利益，也能直接應用於國防。

因此，科技產業政策與國防戰略之間的界線日益模糊。一些國家透過政府採購與研發補助，優先支持具有軍民兩用潛力的技術，並建立國防承包商與民營科技公司的合作管道。這種整合模式一方面確保了軍事技術的先進性，另一方面也在民用市場建立了競爭優勢，達到經濟與安全的雙贏。

金融系統作為防禦工具

除了傳統產業與技術，金融體系也被視為國防的一部分。國際制裁、資本凍結、跨境支付系統限制等措施，已成為不流血的戰爭手段。

這些策略可以在不動用武力的情況下削弱對手的經濟運作能力,甚至迫使其在外交談判中作出讓步。

反過來說,如果一國的金融基礎設施高度依賴外部系統,就可能在衝突中暴露於脆弱狀態。因此,一些國家開始建立獨立的支付清算系統與國際結算貨幣替代方案,以降低外部制裁的風險。

經濟安全政策的多層次設計

將國防與經濟安全連結並不意味著所有經濟活動都必須軍事化,而是要求政策設計同時兼顧短期應對與長期韌性。

短期層面包括緊急應變能力,例如在危機發生時迅速動員產業資源、生產軍需物資、保障民生供應;長期層面則關注戰略自主,包括關鍵技術研發、人才培養、基礎設施防護與國際合作網絡的建立。

這種多層次設計需要跨部門協調,將國防部門、經濟部門、科技部門與外交部門的工作整合起來,形成一致的戰略方向。

全球化背景下的安全平衡

全球化並未消除國家間的競爭,反而讓經濟安全的議題更為複雜。對外貿易與投資雖然能帶來繁榮,但也可能造成戰略依賴。一些國家在與主要貿易夥伴保持經濟互動的同時,悄悄建立替代方案,以防關鍵供應被政治化利用。

在這種情況下,經濟安全政策必須在開放與防護之間取得平衡。過度封閉可能失去國際市場機會,但完全開放又可能喪失戰略主導權。有效的策略是「選擇性開放」,即對低風險領域保持自由交流,對高風險領域採取嚴格審查與管制。

第 3 章　貿易戰的戰術與政策槓桿

從軍事到經濟的全域安全：打造多維度國家戰略

　　國防與經濟安全的連結，反映了當代安全環境的整體化趨勢。軍事力量不再單獨決定國家安全，經濟實力與產業韌性同樣具有戰略價值。未來的競爭不僅是軍備的較量，更是誰能在科技、能源、金融與產業鏈的多重維度中保持優勢。能夠將這些元素整合成一套協同運作的國家戰略，將是確保長期安全與繁榮的關鍵。

3-6 國內產業補貼與政策工具

補貼作為國家產業策略的一環

在國際競爭激烈的市場環境中,政府的角色早已不限於監管與稅收管理,還包括直接或間接地介入產業發展。國內產業補貼是其中最常見的政策手段之一,其核心目的是透過資金、稅收優惠、土地供應、研發補助或市場保護等方式,扶植被視為戰略重點或具有成長潛力的產業。

補貼並非單純的經濟激勵,它本質上是國家對產業結構的投資與布局。透過補貼,政府能夠影響資源分配方向,加速產業升級,並在全球競爭中搶占先機。

補貼的多元形式

國內產業補貼的形式多種多樣,主要可分為以下幾類:

1. 直接財政補貼

政府直接撥款給企業或產業,用於研發、設備更新或市場拓展。例如:某些國家對電動車製造商提供直接購車補貼,以快速擴大市場滲透率。

2. 稅收減免與抵扣

對符合條件的企業減免所得稅、關稅或提供加速折舊政策,降低營運成本,提升資金運用彈性。

3. 低息貸款與融資擔保

透過國有銀行或政策性金融機構提供低息貸款，減輕企業資金壓力，鼓勵其進行長期投資。

4. 政府採購優先

政府在公共工程、軍事裝備或大型基礎設施建設中，優先採購本國產品，間接穩定國內市場需求。

5. 土地與基礎設施支持

提供優惠土地使用權或在產業園區建設基礎設施，降低企業投資成本。

產業補貼與國際競爭

產業補貼對國內經濟的正面影響顯而易見，但在國際貿易中卻常引發爭議。世界貿易組織（WTO）雖對補貼有一定規範，但許多國家仍以不同方式規避限制，例如將補貼與公共政策目標綁定（如減碳、促進就業、科技創新），使其在法律上更具正當性。

在全球市場競爭中，補貼往往被用來爭奪新興產業的主導權。半導體、再生能源、電動車、人工智慧等領域的國際競爭，幾乎都伴隨著政府大規模的政策支持。

當一國投入大量補貼以提升本國產業競爭力時，可能迫使其他國家採取對等措施，形成「補貼競賽」。雖然短期內有助於技術突破與市場占有率提升，但長期過度依賴補貼可能導致資源錯配與市場失靈。

補貼與政策工具的整合運用

單一的補貼措施效果有限,若能與其他政策工具結合,才能形成完整的產業發展戰略。這些工具包括:

1. 貿易保護措施

在初期為新興產業提供一定程度的市場保護,避免過早面對激烈的國際競爭。

2. 研發與創新政策

透過國家科研計畫、創新基金與技術轉移機制,確保補貼能促進長期技術優勢,而不僅是短期產量增加。

3. 人力資源開發

配合教育與培訓計畫,確保新興產業有足夠的人才支撐其成長。

4. 金融與資本市場支持

鼓勵創投與私募基金投入戰略產業,形成公共資金與私人資本的協同效應。

政策效果與潛在風險

雖然補貼能推動產業發展,但若缺乏監督與績效評估,可能導致:

- 產業依賴:企業過度依賴補貼,缺乏市場競爭力,一旦政策撤回即陷入困境。
- 資源錯配:補貼資金流向缺乏前景或技術落後的項目,浪費公共財政資源。
- 國際爭端:被視為不公平競爭而引發反補貼調查與貿易爭端。

因此，補貼政策必須設計退出機制與定期評估制度，確保公共資源投向具有長期回報與社會價值的產業。

補貼策略的長短之計：從電動車到半導體的產業啟示

例如：在推動電動車產業時，有些國家採取直接購車補貼與基礎設施建設並行的策略，短時間內刺激了銷量與投資。但當部分國家過快撤回補貼時，市場需求急速下滑，暴露出產業尚未形成自我循環的脆弱性。相比之下，另一些國家採取逐年遞減補貼、同時加強技術研發與國際市場拓展，使企業能逐步適應市場化環境，最終建立穩固的競爭力。

同樣地，在半導體領域，一些地區透過長期的研發資助與產業聚落規劃，結合教育培訓與國際合作，形成了全球領先的製造能力。這種以全產業鏈視角設計的補貼政策，不僅提升了國內企業的競爭力，還使整個產業在面對外部衝擊時具備更高的韌性。

未來方向

隨著全球產業鏈的重組，補貼與政策工具將更注重戰略選擇性與可持續性。未來的補貼可能更多聚焦於：

- 具有顛覆性創新潛力的技術
- 能提升產業鏈安全與自主性的領域
- 與環境與社會責任（ESG）目標相結合的產業

補貼政策的成敗，關鍵在於是否能引導產業走向高附加價值、技術密集與全球競爭力強的方向，而不是陷入依賴補貼維生的惡性循環。

3-7 跨境電商與小額免稅政策

跨境電商的興起與全球貿易新形態

跨境電子商務在過去十年間的高速發展，已徹底改變了全球貿易的結構與模式。傳統貿易往往涉及大批量貨物、集中清關與固定通路，而跨境電商則以小批量、多批次、高頻次的交易模式為特徵，直接將全球消費者與供應商連結起來。這種模式的核心優勢在於去中間化，降低了分銷層級，使產品可以更快、更便宜觸達消費者。

對許多中小企業而言，跨境電商打破了地域與資本的限制，讓它們能以較低的成本進入國際市場。社群媒體與數位行銷的普及，也為這些企業提供了接觸全球受眾的機會。由此，跨境電商不僅是商業模式的創新，更是全球貿易民主化的重要力量。

小額免稅政策的制度背景

小額免稅政策是許多國家為簡化進口程序、降低行政成本而設立的制度，指的是對低於一定金額的進口商品免徵關稅，甚至免除部分稅務與報關程序。其初衷是促進小額貿易流通，避免海關資源被過多消耗在低價商品上。

不同國家的免稅門檻差異甚大。例如：有些國家的免稅額僅為 50 美元，而另一些國家則高達 800 美元。這種差異直接影響跨境電商的物流與定價策略，甚至成為企業選擇銷售市場的重要考量因素。

對消費者而言，小額免稅政策意味著購買海外商品的成本更低、速度更快；對企業而言，這是提高跨境銷售額的有效工具。然而，對本地零售商與政府稅收而言，該政策卻可能帶來競爭壓力與財政損失。

跨境電商與免稅政策的互動效應

跨境電商的特性與小額免稅政策天然契合,因為多數跨境電商交易單價較低,正好落在免稅門檻之內。企業甚至會有意將產品拆分為多筆訂單,以確保單筆金額低於免稅額,從而避免關稅與額外檢驗程序。

這種策略在提升消費者購買意願的同時,也引發了一些爭議:

- 稅基侵蝕:本地政府因進口商品免稅而失去稅收,對財政造成壓力。
- 不公平競爭:本地零售商必須繳納進口稅與增值稅,而跨境電商商品因免稅而價格更具優勢。
- 海關監管壓力:大量小額包裹的湧入,使海關在安全檢查與效率之間面臨平衡挑戰。

政策調整的國際趨勢

近年來,許多國家開始重新審視小額免稅政策的影響,並對其進行調整。一些國家選擇降低免稅額,甚至完全取消,以保護本地零售業與稅收;另一些國家則保留免稅額,但加強對包裹的隨機抽檢與稅務追蹤,防止企業過度利用漏洞。

在這些政策變動中,有幾個共同的特點:

- 數位報關系統升級:引入電子資料交換(EDI)與預先申報制度,提升對小額包裹的追蹤效率。
- 跨境合作:與主要出口國共享資料,確保進口商品的申報價值真實。
- 消費稅改革:部分國家要求跨境電商平臺代收消費稅,即便商品價格低於免稅額,也必須繳納相應稅費。

免稅政策的雙面效應：公平競爭與依賴風險的平衡

例如：在某些大型市場，免稅額度曾高達數百美元，吸引了大量低價跨境商品湧入，對本地零售業造成衝擊。政府在壓力下逐步降低免稅額，同時推出平臺代徵稅制度，使跨境商品與本地商品在稅負上更加公平。結果顯示，雖然短期內跨境銷售量有所下降，但長期來看，市場結構更為健康，企業的競爭焦點回到產品與服務本身。

另一方面，一些免稅額度較高的市場仍持續吸引跨境賣家進駐，並形成高度依賴單一政策的經營模式。然而，一旦政策風向改變，這些企業往往面臨銷售額暴跌的風險，顯示過度依賴免稅政策缺乏可持續性。

對產業與政策的啟示

跨境電商與小額免稅政策的關係，揭示了數位經濟時代政策與商業模式的互動邏輯。對企業而言，政策紅利能帶來短期成長，但唯有在產品差異化、品牌建設與供應鏈效率方面建立競爭優勢，才能在政策變動中保持韌性。

對政府而言，設計小額免稅政策時需平衡三個目標：

- 促進國際貿易與消費便利化
- 保護本地產業與公平競爭
- 維護稅收穩定與公共利益

這需要動態調整政策，並與跨境電商平臺建立合作機制，確保稅務合規與市場秩序。

未來展望

隨著跨境電商規模持續擴大，小額免稅政策的爭議與改革將成為各國政策焦點。未來可能出現的趨勢包括：

1. 全球協調門檻

透過國際組織或多邊協議，協調免稅額標準與監管規則，避免企業利用國家間差異套利。

2. 資料驅動稅收管理

利用大數據與人工智慧分析跨境交易資料，實現精準徵稅與監管。

3. 平臺責任擴大

要求跨境電商平臺不僅代徵稅，還必須對產品合規、安全與原產地標示負責。

跨境電商與小額免稅政策的互動，將持續塑造未來國際貿易格局。能夠靈活適應政策變化的企業，將在新一輪全球市場競爭中脫穎而出，而政策制定者的智慧與平衡能力，則將決定市場能否兼顧開放與公平。

3-8 財政與金融槓桿結合策略

財政與金融的雙重槓桿意涵

財政政策與金融政策本來是兩套不同的國家經濟管理工具。財政政策透過政府支出與稅收調節經濟活動，金融政策則主要由中央銀行運作，調整貨幣供應、利率及信貸條件。然而，當面對結構性挑戰或重大危機時，單一政策手段往往難以發揮足夠的效力，於是「財政與金融槓桿結合」的策略應運而生。

所謂「結合」，不是簡單地同時採取兩種政策，而是將其設計成互補與相互增強的結構。例如：在推動重大基礎建設計畫時，政府可以同時增加財政支出並透過金融市場融資，中央銀行則配合維持低利率與流動性寬鬆，讓投資成本降低、資金更易取得。這樣的協同作用，比單一工具的效果更顯著。

危機時期的協同操作

在經濟衰退、金融動盪或地緣政治衝擊下，單純的財政刺激可能因資金傳導不暢而效果有限，而單純的金融寬鬆則可能陷入「流動性陷阱」，資金滯留在金融體系而無法有效流入實體經濟。

當兩者結合時，可以形成完整的傳導鏈：

- 財政政策直接創造需求（公共投資、補貼、減稅）。
- 金融政策降低資金成本並維持市場信心（降息、資產購買、流動性支持）。

■ 第 3 章　貿易戰的戰術與政策槓桿

- 政府部門與金融機構協作，確保資金流向重點產業與急需領域，而非被過度消耗在投機市場。

這種模式在大型危機中尤其重要，因為它能同時解決需求不足與資金供應受限的問題。

財政槓桿的結構化應用

財政槓桿的核心是「以有限資源撬動更大規模的經濟活動」。這通常透過以下方式實現：

- 基礎建設投資：以公共工程帶動相關產業鏈需求，創造就業與乘數效應。
- 產業補貼與稅收優惠：引導資本流向戰略性新興產業，加速結構轉型。
- 風險分擔機制：政府提供擔保或保險，鼓勵私人資本進入高風險但高潛力的領域。

這些措施若能與金融政策結合，便能將槓桿效應放大。例如：在政府提供基礎建設投資的同時，央行可透過購買基礎設施債券，確保資金來源穩定並降低融資成本。

金融槓桿的政策延伸

金融槓桿主要依賴中央銀行與監管機構的政策工具，包括利率調整、信貸擴張、資本市場動員等。當與財政政策協調時，可以有以下應用：

1. 利率與貸款引導

針對政府優先發展的產業，提供低息貸款與信貸優惠，提升投資報酬率。

2. 資本市場融資

鼓勵發行特別預算債券（如振興經濟、紓困）並由央行或政策性金融機構參與認購，減輕市場壓力。

3. 宏觀審慎政策

在財政刺激推高需求的同時，透過審慎監管防止資產泡沫與系統性風險累積。

這些手段使得金融槓桿不僅是被動配合財政政策，而是成為經濟結構調整的主動推力。

從能源轉型到企業紓困的雙引擎模式

例如：在某些經濟體推動能源轉型時，政府投入大量財政資金建設再生能源基礎設施，並提供研發補助吸引企業投入。同時，中央銀行維持低利率環境，並允許政策性銀行發放貸款支持相關專案。這種財金結合的模式，使得產業迅速擴張，並吸引國際資本參與，最終在短短數年間形成規模經濟與技術突破。

另一個例子是在危機時期的中小企業紓困計畫中，政府提供部分薪資補貼與稅負減免，央行則為商業銀行提供低成本再融資，確保貸款利率不至於過高。這種協同操作不僅避免了大量企業倒閉，也穩定了就業與消費，減緩了經濟下滑的速度。

■ 第3章　貿易戰的戰術與政策槓桿

風險與限制

儘管財政與金融槓桿結合策略在短期內能產生強大刺激效應，但若缺乏長期規劃與退出機制，可能帶來以下風險：

1. 財政負擔加重

持續性的高額赤字可能推高國債水位，影響未來財政空間。

2. 資產泡沫風險

長期寬鬆的貨幣環境容易推高房地產與金融資產價格，增加系統性危機的可能性。

3. 資源錯配

若資金分配缺乏精準引導，可能被低效率或投機性活動吸收，無法形成可持續的生產力成長。

因此，有效的財金結合策略必須伴隨嚴格的監管與定期評估，確保政策效應落在預期目標上。

未來的政策走向

隨著全球經濟面臨能源轉型、數位化與地緣政治不確定性的多重挑戰，財政與金融槓桿的結合將更加頻繁且複雜。未來可能出現的發展方向包括：

1. 精準產業扶植

財金資源集中於具顛覆性創新與高附加價值的產業，形成國家競爭優勢。

2. 綠色與永續導向

將環境、社會與治理 (ESG) 納入財金政策目標,推動永續發展與國際合作。

3. 數位化政策協同

利用資料分析與人工智慧,動態調整財金刺激的力度與方向,提高政策效率。

財政與金融槓桿結合,不再只是危機時的權宜之計,而是國家經濟治理的重要常態工具。能否在刺激經濟、維護金融穩定與推動結構轉型之間取得平衡,將決定一個國家在全球競爭中的韌性與長期發展潛力。

第 3 章　貿易戰的戰術與政策槓桿

第 4 章
對手與盟友的反應

第4章　對手與盟友的反應

4-1 中美結構性矛盾

矛盾的歷史根源

中美之間的經濟與政治矛盾並非始於某一場事件，而是由多層次、長期積累的結構性因素所塑造。冷戰結束後，美國作為全球唯一超級大國，主導國際經濟與安全秩序，推動自由貿易與資本全球化。而中國在改革開放後，快速融入全球市場，利用龐大的人口紅利與低廉的勞動成本，成為「世界工廠」。

這種互補關係在初期確實帶來雙贏：美國企業降低生產成本、消費者享受低價商品，中國則藉出口導向型成長積累外匯與工業能力。然而，隨著中國經濟體量不斷擴大、技術水準逐漸提升，雙方的互補性逐步轉變為競爭性，尤其在高科技、能源、金融及國際規則制定權等領域，矛盾愈顯尖銳。

經濟模式的根本衝突

美國的經濟模式以市場導向與資本效率為核心，強調透過資本市場籌集資金、由創新驅動成長、依靠全球分工分配資源；而中國則採取國家主導的混合經濟體系，政府在產業政策、金融分配與資源分配中扮演關鍵角色，透過長期計畫推動戰略性產業發展。

這種差異在平穩時期可以互補，但在經濟壓力或戰略競爭升溫時，就成為矛盾來源。美國視中國的國家資本主義為「不公平競爭」，認為其產業補貼、國企扶持與市場准入限制破壞了全球自由貿易的公平原則；中國則批評美國利用金融霸權與國際規則維護既得利益，限制新興經濟體的發展空間。

科技與產業升級的對抗

進入二十一世紀後，科技創新成為全球競爭的主戰場。中國在通訊設備、人工智慧、量子科技及新能源領域的快速追趕，引發美國對核心技術優勢被削弱的憂慮。美國擔心，若失去科技領先地位，將影響其軍事優勢、產業高附加價值鏈的掌控力，以及在國際規則制定中的主導權。

因此，美國在多個領域對中國實施出口管制與投資限制，特別是在半導體與高階製造設備方面，試圖延緩中國的技術追趕。中國則加大自主研發與產業鏈在地化的力度，力圖減少對外部供應的依賴。這種互相制衡的策略，實際上加速了全球供應鏈的分裂，促使各國企業重新評估生產與市場布局。

金融與貨幣的戰略角力

美元作為全球主要儲備與結算貨幣，是美國在國際體系中的核心槓桿之一。美國可以利用美元體系對他國進行金融制裁、資本流動限制與支付系統封鎖，這在歷次國際衝突中都有明顯案例。

中國則積極推動人民幣國際化，建立跨境支付系統（CIPS），並在與部分貿易夥伴的結算中使用本幣，以降低對美元的依賴。此外，中國增加黃金儲備、加強與能源出口國的金融合作，也是在避開潛在的美元風險。

這種貨幣與金融體系的競爭，並非短期衝突，而是牽涉國際資本流動、外匯市場穩定性以及地緣政治影響力的長期賽局。

第 4 章　對手與盟友的反應

安全與經濟的交織

中美矛盾並不僅限於經濟層面，安全與地緣政治因素加劇了雙方對彼此的不信任。南海航行自由、臺灣議題、亞太軍事部署等問題，使經濟互依的「雙贏邏輯」被安全衝突的「零和思維」所取代。

美國將供應鏈安全納入國家安全範疇，限制來自中國的科技產品進入其關鍵基礎設施領域；中國則加強對重要資源與技術出口的管制，防止在戰略賽局中暴露弱點。雙方在經濟與安全領域的互動，已呈現「經濟武器化」的趨勢。

全球影響與第三方選擇

中美矛盾對全球經濟產生深遠影響。許多國家在兩大經濟體之間進行戰略平衡：一方面依賴中國市場與製造能力，另一方面依靠美國的安全保障與金融體系。這種「兩邊押注」的策略，使第三方國家在中美爭端中既可能受益，也可能承受壓力。

例如：在供應鏈重組的背景下，東南亞國家成為部分產能轉移的主要承接地，享受製造業投資湧入的紅利；然而，若中美對抗升級，這些國家也可能在市場准入與技術選擇上面臨艱難抉擇。

長期走向與不確定性

中美結構性矛盾的長期存在幾乎無可避免，關鍵在於雙方是否能建立某種「可控競爭」的機制，以避免衝突全面化。未來幾年的走向可能包括：

- 選擇性脫鉤：在高科技、軍事敏感領域保持隔離，但在能源、農產品及部分消費品上維持互依。

- 規則再談判：透過多邊或區域平臺，重新界定貿易、投資與技術合作的規範。
- 新型競合模式：在氣候變遷、全球公共衛生等領域合作，同時在戰略產業保持競爭。

不論結果如何，中美之間的結構性矛盾已成為塑造二十一世紀國際秩序的核心力量，所有國家與企業都必須在這個現實中找到生存與發展的空間。

4-2 歐盟與美國的貿易摩擦

競爭與合作的雙重基因

歐盟與美國同為高度發展的經濟體，市場制度與價值觀在相當程度上相近，彼此間有著深厚的貿易與投資往來。然而，正因為雙方在製造業、農業、科技與服務業等多個領域的產業結構存在高度重疊，競爭摩擦幾乎是結構性的。

在全球化的早期階段，歐美雙方更多是盟友身分，透過跨大西洋的經濟合作推動貿易自由化、共同制定規則以塑造全球市場秩序。但隨著新興經濟體崛起與產業重心變化，歐盟與美國在部分領域的利益分歧逐漸放大，尤其在農產品補貼、科技巨頭監管、碳排放政策與數位貿易規則等方面，衝突頻率明顯上升。

農業補貼與市場准入

農業是歐盟與美國最常發生貿易摩擦的領域之一。雙方都對農業給予高度政策支持，歐盟的「共同農業政策」和美國的農業補貼計畫在國內都具有重要的政治與經濟意義。這種補貼制度往往導致產品在國際市場上具有人為壓低的價格，彼此互指對方破壞公平競爭。

同時，雙方在食品安全標準上也存在顯著差異。歐盟對基因改造作物與農藥殘留的規範更為嚴格，經常以此為由限制美國農產品進口；美國則批評這些標準是以環保或健康為名的貿易壁壘。

高科技與數位貿易規則

隨著數位經濟的崛起，歐盟與美國在科技企業監管上的分歧日益尖銳。美國的矽谷科技巨頭在全球市場擁有壓倒性優勢，而歐盟則對其市場壟斷、資料隱私與稅收問題提出嚴格監管。歐盟推出《一般資料保護規則》(GDPR)等法規，要求在歐洲市場營運的美國企業遵守更高標準的資料保護規範，美國企業普遍認為這增加了合規成本並限制了商業模式的靈活性。

此外，數位服務稅的爭議也加劇了雙方摩擦。部分歐盟國家對美國科技公司徵收數位服務稅，美國則回應威脅加徵關稅，形成「稅收與關稅」的報復循環。

碳排放與綠色貿易壁壘

氣候變遷政策是歐盟長期引以為傲的國際議題，歐盟制定了嚴格的碳排放標準與碳邊境調整機制(CBAM)，試圖將環保要求延伸到國際貿易領域。這對依然倚重傳統能源的美國部分產業構成挑戰。美國企業擔心，碳關稅將削弱其在歐洲市場的競爭力，而美國政府則認為這種做法可能被用作保護主義的工具。

雖然美國也在推動能源轉型與減碳政策，但雙方在政策節奏、產業補貼方向與國際協定的執行方式上依然存在分歧。

航空製造業的長期爭端

歐盟與美國在大型民用飛機製造領域的競爭可謂貿易摩擦的經典案例。空中巴士與波音長期互指對方獲得非法政府補貼，並在世界貿易組織(WTO)進行多年的訴訟與上訴。這場爭端涉及數十億美元的補貼與關

■ 第 4 章　對手與盟友的反應

稅,反映了雙方在高附加價值製造業上的戰略競爭。

雖然在某些時期雙方達成暫時性協議,減少報復性關稅的衝擊,但這種競爭並未消失,而是轉向技術創新、供應鏈整合與市場占有率的較量。

地緣政治下的經濟策略

雖然存在貿易摩擦,歐盟與美國在地緣政治上仍保持戰略盟友關係,特別是在能源安全、國防合作與應對共同對手方面。然而,這種政治盟友關係並不能完全消除經濟衝突,反而在某些情況下會加劇分歧。

例如:在對第三國實施經濟制裁時,歐盟企業可能因遵循美國的金融制裁規定而失去市場機會,造成經濟損失。部分歐盟國家開始呼籲增強「戰略自主」,在維持與美國安全合作的同時,減少對美國經濟政策的依賴。

競爭與協商並行的未來

歐盟與美國的貿易摩擦不太可能徹底消失,因為雙方在核心產業上的利益衝突屬於結構性矛盾。然而,雙方在氣候變遷、全球金融穩定、供應鏈安全等領域仍有合作需求,這使得摩擦與協商將長期並存。

未來的趨勢可能包括:

■ 制度型談判平臺:建立常態化的跨大西洋經貿理事會,持續溝通貿易與投資爭端。
■ 規則調和:在資料保護、碳排放與科技監管方面尋找共同標準,以降低企業跨市場營運的成本。

- 共同應對第三方挑戰：在面對新興經濟體崛起與地緣政治衝擊時，歐盟與美國可能在特定領域形成戰略合作，以維護自身的國際競爭優勢。

歐盟與美國的貿易摩擦，反映的不只是市場競爭，更是全球經濟規則塑造權的爭奪。對其他國家與跨國企業而言，理解這種摩擦的內在邏輯，將有助於在變動的國際經貿環境中找到自己的定位與生存策略。

4-3 加拿大、美墨加協定與衝突

北美經貿關係的制度演變

北美自由貿易協定（NAFTA）自 1994 年生效以來，成為北美三國 —— 美國、加拿大與墨西哥 —— 經濟整合的重要基石。它的設計初衷是促進區域內的貿易自由化、降低關稅壁壘、提升投資便利性，並強化三國在全球市場的競爭力。

然而，隨著全球經濟環境的變化與國內政治壓力的上升，NAFTA 的成效與公平性開始受到質疑。美國部分產業與工會指責該協定導致製造業外流與就業流失，加拿大與墨西哥則批評美國在部分爭端中利用自身市場優勢施加壓力。

在這些矛盾的累積下，三國於 2020 年重新簽署《美墨加協定》（USMCA），取代原有的 NAFTA。新協定在多個關鍵領域引入了新的規則與條款，雖然解決了一些過去的爭議，但也引發新的摩擦。

自動車產業規則的爭議

汽車產業是北美區域供應鏈整合度最高的行業之一，也是《美墨加協定》的焦點領域。新協定提高了汽車零部件的原產地規則門檻，要求更多零件必須在三國境內生產，並設定最低工資標準以防止低薪地區壓低製造成本。

對美國而言，這有助於保護本國汽車製造業與工人利益，但對加拿大與墨西哥而言，這意味著需要調整既有的供應鏈與成本結構，短期內增加了營運壓力。特別是墨西哥低成本製造的比較優勢受到削弱，而加拿大則擔心在高薪資環境下失去部分投資吸引力。

農業市場與供應管理制度

美國長期批評加拿大的乳製品供應管理制度，認為其透過配額與高關稅限制美國乳製品進入加拿大市場。美墨加協定雖然在乳製品市場上做出一定開放，但加拿大仍保留大部分保護機制，引發美國農業團體的不滿。

同時，加拿大與墨西哥也對美國的農產品補貼與檢疫規範提出質疑，認為其影響了市場公平性。例如：美國農業部的出口補貼政策被視為在全球市場上對競爭對手構成不公平優勢，尤其是在玉米與小麥領域。

貿易爭端解決機制

爭端解決機制是三國在談判中最具爭議的議題之一。美國曾試圖削弱原有的第 19 章機制（允許在貿易爭端中由獨立仲裁小組裁決），以便保留更多單方面採取貿易救濟措施的空間。但加拿大與墨西哥堅決捍衛該機制，認為這是防止美國濫用反傾銷與反補貼措施的唯一保障。

雖然新協定保留了該機制，但在具體運作中，美國仍嘗試透過程序性拖延或政策解釋影響仲裁結果，這種做法加劇了對美國貿易政策公正性的疑慮。

數位貿易與勞工條款

新協定首次納入了數位貿易條款，禁止對電子傳輸徵收關稅，並保護跨境資料流動。然而，在資料在地化、隱私保護與平臺責任方面，三國的法律與監管思路並不完全一致，為未來潛在的法律衝突埋下伏筆。

在勞工方面，協定引入更嚴格的勞動權益保障條款，要求成員國遵

第 4 章 對手與盟友的反應

守國際勞工組織（ILO）的核心標準，並允許對違反勞工權益的行為採取貿易制裁。這在理論上有助於提升區域內勞動條件，但在實務上卻可能被用作政治與經濟談判的籌碼。

能源與環境政策的分歧

能源領域是三國合作與矛盾並存的另一個焦點。美國推動頁岩油氣出口，期望加拿大與墨西哥開放更多能源市場空間；加拿大則在環保政策上較為嚴格，尤其在碳排放與可再生能源投資上與美國存在不同步的情況；墨西哥則強調能源主權，對外資參與能源開發持謹慎態度。

在環境政策上，三國對氣候變遷的態度與承諾差異明顯，這影響了跨境能源基礎設施的規劃與投資決策，也可能成為未來貿易爭端的新來源。

協定之外的雙邊摩擦

除了協定內的條款爭議，三國之間還存在其他雙邊摩擦。例如：美國與加拿大在軟木材貿易上的爭端已持續數十年，雙方互相指控對方進行不公平補貼與傾銷；美國與墨西哥則在農產品進口與邊境檢疫上時有摩擦。

這些長期摩擦反映了即使有自由貿易協定作為制度框架，貿易夥伴之間的利益衝突依然難以完全消除。

未來走向與挑戰

美墨加協定雖然取代了 NAFTA，並在部分領域更新了規則，但它並未徹底解決三國間的結構性矛盾。未來幾年，隨著全球經濟與政治環境

的變化，協定可能面臨以下挑戰：

- 規則再談判壓力：部分條款在協定生效數年後將面臨重新評估，可能引發新一輪談判。
- 外部經濟衝擊：全球供應鏈重組、能源市場波動與地緣政治衝突，可能改變三國的貿易與投資策略。
- 內部政治變數：三國國內政治變化可能影響協定的執行力度與政策方向。

對企業而言，理解協定的細節與潛在變動，並在供應鏈布局、關稅管理與市場選擇上保持靈活性，是在北美市場保持競爭力的關鍵。

■ 第 4 章　對手與盟友的反應

4-4 日本、韓國、臺灣的應對策略

東亞經濟體的共同壓力與機會

日本、韓國與臺灣同屬出口導向型經濟體，經濟結構在全球貿易中高度依賴先進製造業、科技產業與國際市場的穩定性。當全球貿易環境因地緣政治、能源轉型與科技競爭而快速變動時，這三個經濟體雖然面臨類似的外部挑戰，但在資源、產業優勢與政策選擇上卻各有不同。

這些挑戰包括：

■ 高度依賴能源進口，易受國際能源價格波動影響；
■ 在全球供應鏈重組中承擔關鍵角色，但同時面臨「去風險化」與市場排他壓力；
■ 技術領域與國際規則的博弈，使出口市場多元化與供應鏈安全成為核心課題。

因此，日本、韓國與臺灣都必須在維護既有市場的同時，調整策略以降低單一市場或單一產業依賴，並加速在新興領域建立競爭力。

日本的策略：能源轉型與供應鏈主導權

日本的應對策略長期以「能源安全」與「產業升級」為核心。作為高度依賴進口能源的國家，日本在全球能源市場動盪時極易受衝擊。因此，日本政府積極推動能源多元化與再生能源投資，包括離岸風電、氫能及核電重啟。同時，日本企業在高能效製造與節能技術領域保持全球領先，這不僅是內需市場的需求，也成為出口競爭力的重要來源。

在供應鏈策略上，日本採取「區域再布局」政策，將部分生產基地遷

回國內或轉移至東南亞與印度,以分散風險。此外,日本政府透過國際開發援助(ODA)與貿易協定,強化與東南亞國家的經濟連結,確保原材料與零組件供應的穩定性。

日本還特別注重與歐美國家的技術合作,尤其在半導體材料、先進製造設備與新能源科技方面,力求在國際規則制定中維持影響力,以避免在新技術競賽中被邊緣化。

韓國的策略:技術主導與市場多元化

韓國的經濟高度集中於少數大型企業集團(財閥),尤其是在半導體、面板、電動車電池與造船等領域擁有全球領先地位。這種產業結構雖然提升了國際競爭力,但也使韓國在國際貿易摩擦中更易受到單一產業衝擊。

韓國的應對策略重點在於兩方面:

1. 技術升級與垂直整合

韓國在半導體與電池產業加速技術研發,力求掌握從材料到終端產品的完整產業鏈,降低對外部供應的依賴。

2. 市場多元化

面對美中競爭與貿易壁壘,韓國積極開拓歐洲、中東與東南亞市場,並加強與新興市場的自由貿易協定網絡。

在能源政策上,韓國推動氫能經濟與再生能源擴張,目標是在減碳的同時,培養新一代出口產業。此外,韓國政府與企業密切合作,針對全球供應鏈再平衡的趨勢,積極爭取在關鍵材料與技術領域的話語權。

第 4 章　對手與盟友的反應

臺灣的策略：科技優勢與供應鏈核心地位

臺灣在全球供應鏈中具有獨特地位，尤其在半導體製造領域掌握關鍵技術與產能。這種優勢不僅是經濟競爭力的來源，也是國際政治與經濟談判中的戰略籌碼。然而，高度依賴出口與單一產業的風險，使臺灣在全球市場變動時承受巨大壓力。

臺灣的應對策略主要聚焦在三個方向：

1. 深化技術領先

在先進製程、封裝與半導體設計等領域持續投入研發，保持全球領先優勢，並延伸至高效能運算、人工智慧與車用電子等新應用市場。

2. 供應鏈安全

與主要客戶及國際合作夥伴建立更緊密的長期合作協議，確保產能規劃與市場需求同步，減少地緣政治衝突對供應的影響。

3. 市場拓展

積極布局東南亞、印度與歐洲市場，以降低對單一市場的過度依賴，並透過新南向政策加強與新興市場的連結。

在能源與永續方面，臺灣推動再生能源發展，尤其是離岸風電與太陽能，既是能源轉型的需求，也是吸引外資與技術合作的重要平臺。

區域合作與競爭並存

雖然日本、韓國與臺灣在某些領域存在直接競爭，例如半導體與電動車電池，但在全球供應鏈安全與能源轉型的背景下，三者也有廣泛的合作空間。共同參與國際規則制定、共享研發資源、協調產業布局，都是提升區域整體競爭力的可行方向。

然而,現實中政治與安全因素常使合作變得複雜。例如:在地緣政治對立加劇時,外部大國可能利用雙邊關係影響三者的政策選擇,使得區域協作的深度與廣度受到限制。

長期策略的關鍵因素

未來,日本、韓國與臺灣的應對策略將取決於幾個核心因素:

- 技術創新的持續性:能否在新一輪科技革命中保持領先地位,直接關係到出口競爭力與談判籌碼。
- 市場多元化的深度:在維持主要市場占有率的同時,拓展新興市場並建立穩定的經貿關係。
- 能源安全與永續發展:降低能源進口依賴,推進再生能源與低碳技術的商業化應用。
- 地緣政治風險管理:在大國競爭中保持戰略靈活性,避免被迫選邊站。

對企業而言,理解三地策略的異同,並在區域內建立多點布局與供應鏈韌性,將是應對全球經濟與政治不確定性的關鍵。

第 4 章　對手與盟友的反應

4-5 新興市場的立場與調整

新興市場在全球經濟版圖中的位置

　　新興市場這個概念，涵蓋了許多經濟成長速度快、人口結構年輕、資源潛力豐富的國家，包括東南亞部分國家、拉丁美洲、非洲部分經濟體以及部分中東產油國。這些國家雖然在國際金融、技術創新等領域與先進經濟體仍有差距，但在原物料供應、消費市場潛力以及地緣戰略位置方面，占據了越來越重要的角色。

　　過去二十年，全球化讓新興市場成為跨國企業的投資熱點，大量外資流入基礎建設、製造業與能源產業。然而，近年來地緣政治緊張、供應鏈重組以及能源轉型，讓新興市場的發展環境出現劇烈變化，它們的立場與應對策略也必須重新調整。

地緣政治下的平衡策略

　　新興市場國家面對的最大挑戰之一，是如何在大國競爭中維持經濟利益與外交自主。當全球供應鏈因地緣風險而分裂，這些國家往往同時成為大國拉攏的對象與施壓的焦點。

　　一些國家選擇「務實平衡」，在安全合作、能源出口或投資協定方面，分別與不同陣營維持合作。例如：東南亞部分國家在基礎建設領域引入亞洲資金，同時在科技與能源合作方面與歐美保持緊密關係。這種靈活策略雖然有助於分散風險，但也需要高超的外交技巧，避免在大國博弈中失去談判籌碼。

能源轉型與資源優勢的再定位

許多新興市場擁有豐富的天然資源,尤其是石化燃料、稀土與金屬礦產。過去這些資源主要出口至先進工業國家,但隨著全球能源轉型與低碳經濟的推進,傳統資源出口模式正面臨挑戰。

部分產油國開始多元化經濟結構,投資再生能源與綠色基礎建設,試圖在低碳時代保持能源出口國的戰略地位。擁有稀土、鋰、鎳等關鍵礦產的國家,則加強對上游資源的掌控,並嘗試吸引下游製造業投資,在本土建立更完整的產業鏈,以提升附加價值。

能源轉型同時也改變了國際貿易的力量平衡,新興市場如果能在政策、基礎建設與人才培育上同步跟進,將有機會在新一輪全球產業分工中爭取到更有利的位置。

供應鏈重組下的新機遇

供應鏈多元化是新興市場的另一個重大機會。當部分製造業產能從傳統中心轉移,新興市場憑藉低成本勞動力、地理位置優勢與逐步完善的基礎建設,成為跨國企業分散風險的首選。

例如:越南、印尼、泰國等國近年來積極吸引電子產品、服裝製造與汽車零組件產業的外資投資,不僅帶動出口成長,也促進本地產業升級。這些國家透過簽署多邊與雙邊貿易協定,降低關稅與貿易壁壘,並提升港口、交通與數位基礎設施的現代化水準,以吸引更多長期投資。

然而,快速承接產能轉移也伴隨挑戰,包括環境保護、勞工權益保障以及避免陷入低附加價值製造的困境。如何在吸引外資的同時,建立本地的技術能力與研發實力,是新興市場能否長期受益的關鍵。

第 4 章　對手與盟友的反應

金融穩定與外資依賴的風險

　　新興市場普遍面臨金融市場波動與資本流動敏感性的問題。外資雖能帶來資金與技術，但也可能在國際金融環境轉向時迅速撤離，引發匯率波動與資本外流風險。

　　因此，不少國家加強外匯儲備管理，並多元化融資來源，例如發展本地債券市場、增強與區域開發銀行的合作，甚至嘗試以本幣結算部分國際貿易，以減少對單一貨幣的依賴。此外，部分新興市場採取審慎的資本管制，防止短期投機資金過度進入，避免經濟過熱與資產泡沫。

社會與結構性挑戰

　　除了外部壓力，新興市場還面臨內部結構性問題，包括教育與技能培訓不足、基礎建設落後、制度透明度低以及腐敗問題。這些因素可能削弱外資信心，也會影響本地企業的競爭力。

　　因此，許多新興市場政府同時推動制度改革，提升行政效率與法治環境，以爭取更多高附加價值產業的投資。例如：簡化企業設立流程、加強智慧財產權保護，以及建立透明的公共採購制度，都是改善營商環境的重要步驟。

新興市場的未來定位

　　未來十年，新興市場的立場與調整將深受以下趨勢影響：

　　(1)地緣政治格局變化：如何在大國競爭與區域合作之間找到平衡點，將決定其外交與經濟自主性。

　　(2)能源與科技轉型：能否抓住新能源、數位化與自動化的機遇，提升產業附加價值。

(3)區域貿易協定與制度整合：積極參與區域經濟一體化，降低貿易壁壘並吸引長期投資。

(4)社會結構升級：改善教育與勞動力素質，為新產業提供人才支撐。

對跨國企業與投資者而言，新興市場將繼續是全球成長的重要引擎，但投資策略必須因應不同國家的發展階段與政策走向，結合風險管理與長期合作，才能真正分享這些市場的成長紅利。

第 4 章 對手與盟友的反應

4-6 印度與能源地緣政治

印度能源結構的戰略意義

印度是全球人口最多的國家之一,也是能源消費成長最快的主要經濟體。隨著經濟成長、城市化加速與工業需求擴張,印度的能源需求在未來幾十年仍將持續攀升。這種高速成長的能源需求,直接影響到該國在國際能源市場上的地位與策略選擇,也使能源安全成為其外交與國安政策的核心議題之一。

印度的能源結構高度依賴石化燃料,尤其是煤炭與原油。煤炭雖然在電力生產中占據重要比例,但印度仍需大量進口高品質煤;原油進口依存度更高,約八成以上的需求需仰賴國際市場供應。這種依賴讓印度在油價波動或國際供應中斷時極易受衝擊,因此能源來源多元化與進口安全保障成為長期戰略。

能源多元化與供應安全

為了減少對單一能源來源與出口國的依賴,印度積極推動能源進口多元化政策。這包括加強與中東主要產油國的合作,同時拓展與俄羅斯、非洲及拉丁美洲產油國的貿易往來。這種策略的目的,是在國際市場發生地緣衝突或制裁時,確保印度仍能獲得穩定供應。

此外,印度也投資液化天然氣(LNG)接收站與管道建設,以增加天然氣在能源結構中的比例,降低對煤炭的依賴並改善空氣汙染問題。這些基礎設施的擴張,不僅提升了能源供應的靈活性,也為印度在國際能源談判中增加了籌碼。

可再生能源與低碳轉型

雖然印度在石化燃料上的依賴仍高，但該國已將可再生能源發展列為長期戰略重點。印度擁有良好的太陽能資源與風能潛力，政府推動大規模的太陽能發電計畫與離岸風電專案，目標是在未來數十年內顯著提升可再生能源在電力供應中的比例。

可再生能源的發展，不僅有助於能源自主，也能減少對外部市場的依賴，降低國際能源價格波動對經濟的衝擊。同時，印度希望在國際綠色科技市場中占有一席之地，成為低碳能源設備與技術的出口國，而不只是進口方。

能源與地緣政治的互動

能源在印度的外交政策中扮演關鍵角色。由於高度依賴進口，印度必須在多個地緣政治板塊之間取得平衡。例如：與中東國家的能源合作涉及到對伊朗與沙烏地阿拉伯等不同陣營的外交管理；與俄羅斯的能源合作則需要在國際制裁與實際供應利益之間做出抉擇。

印度同時參與多個國際能源與區域合作平臺，如國際太陽能聯盟（ISA）與金磚國家合作機制，藉此提升在全球能源治理中的影響力。這些平臺不僅提供能源技術交流機會，也能作為多邊協調的政治工具。

關鍵礦產與能源科技競爭

除了傳統能源，印度也意識到能源轉型過程中關鍵礦產的重要性。鋰、鈷、鎳等礦產是電動車電池與儲能系統的核心材料，對於未來能源科技的競爭至關重要。印度積極尋求與非洲、南美洲等資源豐富地區的合作，以確保在新能源供應鏈中的地位。

■ 第 4 章　對手與盟友的反應

在能源科技方面，印度投入研發氫能、儲能系統與智慧電網等新興領域，並希望透過國際合作引進先進技術，縮短與全球領先國家的差距。這些努力不僅是能源戰略的一部分，也與其製造業與出口戰略緊密相連。

國內挑戰與政策推進

印度能源戰略的推進並非沒有阻礙。國內基礎建設不足、能源輸配效率低、投資環境不穩定等因素，都可能影響長期目標的實現。此外，能源價格改革與補貼政策調整，涉及到社會接受度與政治壓力，這使得政策落實需要更謹慎的節奏與配套措施。

印度政府嘗試透過公私合夥（PPP）模式吸引國內外資金投入能源領域，並推動電力市場自由化以提高競爭效率。同時，也加強能源儲備建設，提升應對突發供應中斷的能力。

未來走向與戰略定位

未來，印度在能源地緣政治中的定位將取決於以下幾個關鍵因素：

(1) 能源供應多元化的進程：能否在不同地緣板塊中維持穩定供應，避免過度依賴單一來源。

(2) 可再生能源與低碳轉型的速度：是否能在能源轉型中建立本土產業優勢，成為技術輸出國。

(3) 國際合作與影響力：能否透過多邊平臺與區域合作，在全球能源治理中爭取更多話語權。

(4) 國內政策與基礎建設改善：是否能克服制度與基礎設施的限制，為能源戰略提供穩固支撐。

對印度而言，能源政策不只是經濟發展的基礎，更是外交與安全戰略的重要組成部分。隨著全球能源格局快速演變，能否在多變的國際環境中維持靈活與自主，將直接影響印度在二十一世紀的國際地位與發展潛力。

4-7 東南亞供應鏈再平衡

全球供應鏈重組下的東南亞契機

在全球化初期,供應鏈呈現高度集中化的特徵,生產重心多集中在少數製造大國。然而,近十年來地緣政治風險、貿易摩擦與疫情衝擊,使得供應鏈韌性成為跨國企業與各國政府的重要議題。在此背景下,東南亞憑藉地理位置、勞動力成本與市場潛力,成為全球供應鏈重組的最大受益區域之一。

東南亞國家協會(ASEAN)涵蓋了十個成員國,彼此經濟發展階段不同,產業結構多元,但整體具備承接國際產能轉移的條件。從電子產品組裝到服裝製造,從汽車零組件到食品加工,東南亞正逐步成為跨國企業分散風險的重要基地。

產業轉移的多元驅動力

跨國企業將產能轉移至東南亞,原因不只是成本優勢。首先,東南亞與多個主要經濟體簽署自由貿易協定,降低了進出口關稅與制度壁壘,提升了市場連結性。其次,區域內基礎建設逐漸改善,港口、機場與工業園區的現代化水準提高,物流效率顯著提升。

此外,數位基礎設施的發展讓跨境電商與數位貿易成為新興成長引擎,東南亞的年輕人口結構與高智慧型手機普及率,使其在數位經濟領域具有巨大潛力。對許多企業而言,將生產與銷售結合在同一區域,不僅能降低運輸成本,也能快速回應市場需求變化。

國家角色的差異化策略

雖然同屬東南亞,但各國在吸引供應鏈轉移上的策略與優勢不同:

1. 越南

憑藉政治穩定、勞動力成本低以及與多國的自由貿易協定,成為電子產品與紡織業轉移的熱門地點。越南政府積極推動工業區開發與稅收優惠,吸引外資設廠。

2. 泰國

專注於汽車與零組件製造,並逐步推動「東部經濟走廊」計畫,發展高附加價值產業,如機械製造與智慧電子。

3. 馬來西亞

在半導體封裝測試與精密電子領域具有競爭力,並以相對較高的技術水準吸引高端製造業投資。

4. 印尼

擁有龐大內需市場與豐富的鎳礦資源,鎳是電動車電池的重要材料,因此在新能源產業鏈中地位日益提升。

5. 菲律賓

在人力外包與電子組裝方面具優勢,尤其是在語言能力與服務業外包市場。

這種差異化的產業定位,使東南亞在整體上能涵蓋多種產業鏈環節,形成互補優勢。

第 4 章　對手與盟友的反應

供應鏈再平衡的挑戰

儘管東南亞在全球供應鏈再平衡中獲益，但也面臨幾個重要挑戰。首先，基礎建設的不均衡仍是制約部分國家承接大型投資的瓶頸，尤其是交通與能源供應不足，可能影響長期競爭力。

其次，勞動力技能的差距導致部分產業無法快速升級，許多國家仍停留在低附加價值的組裝與加工階段，缺乏研發能力與本地品牌建設。此外，區域內的政策穩定性與制度透明度不一，也影響了部分外資的投資信心。

最後，國際供應鏈分散的同時，也意味著跨國企業將更頻繁地在多地之間協調生產與物流，這對管理效率與成本控制提出了更高要求。

區域合作與制度整合

東南亞國家普遍意識到，若要在全球供應鏈再平衡中獲得長期優勢，區域合作與制度整合至關重要。近年來，ASEAN 推動東協經濟共同體（AEC）進程，旨在促進貨物、服務、投資與人員的自由流動，提升區域市場的整體吸引力。

此外，東南亞積極參與中國的倡議的《區域全面經濟夥伴協定》（RCEP），與東亞主要經濟體建立更緊密的貿易與投資關係，這不僅有助於降低關稅，還能促進技術轉移與產業升級。對外資而言，一個更具整合性的東南亞市場，意味著更高的投資報酬與更低的營運風險。

跨境電商與數位貿易的助力

數位經濟的崛起為東南亞供應鏈再平衡提供了額外的推動力。跨境電商平臺的普及，使得中小型企業也能參與國際貿易，直接面向全球消

費者銷售產品。這不僅擴大了出口管道，也促進了本地製造業與物流業的發展。

同時，東南亞政府也在推動數位基礎設施建設與跨境支付系統整合，以降低數位貿易的交易成本。這些舉措有助於提升區域內企業的競爭力，並進一步鞏固其在全球供應鏈中的地位。

未來展望

未來，東南亞在全球供應鏈再平衡中的角色將取決於以下幾個因素：

(1)基礎建設升級速度：能否快速改善交通、能源與數位基礎設施，將決定能承接多少高附加價值產業。

(2)勞動力技能提升：教育與職業培訓能否跟上產業升級的需求，影響長期競爭力。

(3)制度與政策穩定性：透明的法規與穩定的政策環境，對吸引長期投資至關重要。

(4)區域合作深化：能否透過 RCEP、AEC 等平臺實現更高程度的市場一體化，提升整體競爭力。

對跨國企業而言，東南亞供應鏈再平衡不僅是分散風險的策略，更是布局未來市場成長的關鍵。能夠及早在這個多元且充滿潛力的區域建立深厚的供應鏈基礎，將在全球競爭中取得先機。

4-8 多邊機構與爭端解決

多邊機構在全球貿易秩序中的地位

在全球經濟體系中,多邊貿易機構的存在,是維持國際貿易穩定性與可預測性的核心。世界貿易組織(WTO)作為最具代表性的多邊機構,其任務包括制定與執行貿易規則、協調貿易談判、監督成員國貿易政策以及處理貿易爭端。這種制度化安排的目的是減少國際貿易中的不確定性,降低貿易衝突演變為政治或軍事對抗的風險。

然而,隨著全球經濟與政治環境的變化,多邊機構的運作也面臨挑戰。不同成員國之間的利益分歧、制度改革的阻力以及新興議題(如數位貿易、環境標準)的快速浮現,使得多邊機構必須不斷調整,以保持其在全球治理中的影響力。

貿易爭端解決機制的運作原理

在多邊機構中,爭端解決機制是確保成員國遵守貿易規則的重要工具。以 WTO 為例,其爭端解決機構(Dispute Settlement Body, DSB)採用「準司法」程序,允許成員國在認為自身權益受到侵害時,向機構提出申訴。

程序通常分為三個階段:

(1) 協商與磋商:鼓勵雙方先透過對話解決爭議。

(2) 專家小組審理:若協商失敗,成立專家小組進行調查並作出報告。

(3) 上訴與裁決:若對專家小組報告不滿,可上訴至上訴機構,其裁決具有約束力。

在理想情況下，這一機制能防止國家間以單邊報復手段解決爭端，避免「以牙還牙」的貿易戰升級。然而，制度的有效性高度依賴成員國的遵守意願與機構自身的運作能力。

制度面臨的挑戰與瓶頸

雖然多邊爭端解決機制在過去數十年發揮了重要作用，但現實中仍存在多重挑戰：

1. 上訴機構癱瘓

部分成員國對機構的裁決不滿，拒絕批准新法官任命，導致上訴機構人數不足而停擺，使得爭端解決過程陷入延宕。

2. 規則落後於現實

許多 WTO 規則制定於 1990 年代，對數位貿易、環保標準、國企補貼等新興議題缺乏明確規範。

3. 執行力不足

即便裁決結果明確，若當事國拒絕執行，制裁或補救措施往往需要漫長程序，降低了制度威懾力。

4. 政治化風險

部分成員國利用制度漏洞，以程序拖延或法律解釋為手段，達到延緩不利裁決的目的。

多邊與雙邊機制的互補

在多邊機制受限的情況下，許多國家轉向雙邊或區域貿易協定中的爭端解決機制。這些協定通常設計更靈活的程序與較短的裁決時程，以

確保商業利益不因長期爭端而受損。例如：一些自由貿易協定允許當事方在短期內採取臨時補救措施，防止損失擴大。

然而，雙邊與區域機制雖可在特定範圍內提高效率，但無法完全取代多邊機構的普遍性與權威性。尤其在涉及多國利益、跨產業的爭端時，多邊平臺仍是協調各方的唯一制度化場域。

新興議題下的制度調整

全球經濟的新趨勢正在迫使多邊機構思考制度改革的方向：

1. 數位貿易規範

隨著跨境資料流動與數位服務貿易的擴張，如何在保障資料安全與促進自由流通之間取得平衡，成為制度改革的重點。

2. 環境與永續標準

碳關稅、環境補貼與綠色產業政策，可能引發新的貿易爭端，需要制度提前介入規範。

3. 公共衛生與供應鏈安全

疫情暴露了全球供應鏈的脆弱性，國際合作在醫療物資、疫苗分配與關鍵產品供應上的規範需求上升。

多邊機構若能及時吸納這些新議題，並制定具共識性的規則，不僅能提升其在全球治理中的相關性，也能減少未來潛在衝突。

建立信任與制度韌性

爭端解決機制的有效性，最終取決於成員國對制度的信任與承諾。這需要三個方面的努力：

- 透明與公正：確保程序透明、裁決公正，並避免政治干預。
- 執行與追蹤：建立更有效的裁決執行與後續追蹤機制，防止違規行為反覆發生。
- 靈活與適應：在保持制度穩定性的同時，能迅速因應新議題與全球經濟環境的變化。

在全球化進入不確定性更高的階段時，多邊機構與爭端解決制度不只是經濟工具，更是維持國際關係穩定與可預測的重要保障。

■ 第 4 章　對手與盟友的反應

第 5 章
能源與資源戰場

第 5 章　能源與資源戰場

5-1 石油與天然氣的戰略價值

能源與國際權力結構的核心

石油與天然氣不只是能源，更是國際政治與經濟秩序的基石。在現代國際關係中，能源不僅驅動工業、交通與基礎設施運作，也影響國防安全與科技發展。任何一個國家的能源供應一旦出現中斷，可能在短時間內引發經濟衰退、通膨飆升甚至社會不穩。

石油在全球能源消費中占據主導地位已超過百年，其高能量密度與便利的儲運方式，使其成為工業革命後最關鍵的能源來源。天然氣則在近幾十年迅速崛起，成為發電、供暖以及化工產業的重要基礎，且在減碳政策推進下被視為相對潔淨的過渡能源。

這種能源地位的延續，使得石油與天然氣長期成為國際戰略競爭的焦點。誰能掌握能源的生產、運輸與交易話語權，誰就能在國際舞臺上獲得更大的政治影響力。

地緣分布與供應風險

石油與天然氣資源分布極不均衡。中東擁有全球最大已探明的石油儲量，俄羅斯與中亞地區則在天然氣儲備上居領先地位。這種地理集中性意味著能源供應容易受到地緣政治衝突、國際制裁或運輸中斷的影響。

舉例來說，波斯灣的荷姆茲海峽與地中海的蘇伊士運河是全球石油與天然氣的重要運輸瓶頸，一旦封鎖或受攻擊，可能立即造成能源價格暴漲，衝擊全球市場。同樣地，俄羅斯向歐洲供應的天然氣依賴單一管道系統，任何基礎設施的破壞或政治爭端，都可能引發能源危機。

因此，各國除了尋求穩定的能源來源，也積極多元化進口地點與運輸路線，並建立戰略儲備以應對突發狀況。

能源與經濟韌性

石油與天然氣不僅是工業的燃料，也是財政收入與國家經濟韌性的來源。對資源出口國而言，能源出口往往占據外匯收入與政府預算的絕大部分。這種依賴雖然在資源價格高漲時帶來可觀收益，但在價格暴跌或需求下降時，則可能引發財政危機與社會動盪。

反之，對進口依賴度高的國家而言，能源價格的上升會直接推高製造業成本與民生開支，形成輸入型通膨，削弱國際競爭力。這就是為什麼能源政策與總體經濟政策之間緊密相連，能源價格穩定往往是政府施政的核心目標之一。

一些國家選擇透過長期供應合約、價格避險或建立多元化的能源組合來減少外部衝擊。例如：結合石油、天然氣、核能與可再生能源，以降低對單一來源的過度依賴。

戰略儲備與國防安全

能源安全與國防能力息息相關。現代軍隊在作戰行動、後勤補給、武器運行等方面，都高度依賴石油與天然氣產品。若在衝突中能源供應被切斷，軍事行動將受到重大限制。

因此，許多國家建立戰略石油儲備與天然氣儲備系統，確保在供應中斷時仍能維持數週至數月的能源需求。這些儲備不僅是應對戰爭與危機的保險，也能在市場劇烈波動時用作穩定價格的工具。

此外，能源基礎設施本身也是戰略資產，包括油氣田、煉油廠、儲

第 5 章　能源與資源戰場

油設施、管道與運輸船隊等。保護這些設施免受恐怖襲擊、網路攻擊與自然災害，已成為能源安全戰略的重要一環。

能源外交與軟實力

掌握能源出口能力的國家，往往能透過能源外交影響他國政策。例如：出口國可以透過價格優惠、供應保障或合資投資，換取進口國在外交或安全議題上的支持；同時，能源輸入國也可能透過長期合作與技術轉讓，鞏固與出口國的戰略夥伴關係。

在國際舞臺上，能源交易不只是商業行為，而是綜合了經濟、政治與安全的戰略互動。對部分國家而言，能源甚至成為影響國際組織決策與多邊談判的重要工具。

能源轉型與未來挑戰

雖然全球正在推動能源轉型，以減少對石化燃料的依賴，但石油與天然氣的戰略價值在可預見的未來仍難以被完全取代。即便在低碳政策推進下，石油仍是航空、航運與化工產業的重要原料，天然氣則在減碳過渡期中提供穩定電力的角色。

未來的挑戰在於，如何在保持能源安全的同時推進低碳轉型。對出口國而言，這意味著必須在國際需求下降前多元化經濟結構；對進口國而言，則需要平衡可再生能源發展與石化燃料供應的穩定性。

在地緣政治競爭加劇、能源市場波動頻繁的背景下，石油與天然氣將繼續是國際關係中最具影響力的戰略資源之一。

5-2 頁岩革命對美國的影響

頁岩革命的誕生與技術突破

頁岩革命的核心，是透過水平鑽井與水力壓裂技術，將深層頁岩層中的油氣資源高效率開採出來。這一技術突破發生在二十一世紀初，但真正的大規模商業化則是在 2008 年之後。原本被視為難以經濟開採的非常規能源，在技術成本下降與能源價格高企的雙重驅動下，迅速成為美國能源市場的主角。

與傳統油氣開採不同，頁岩油氣的開採週期短、單井產量高、且能迅速投入市場，這使美國在短短十年間，從全球最大能源進口國之一，轉變為世界主要的能源生產國和出口國。這一轉變，不僅改變了美國的能源結構，也深刻影響了其國際地位與經濟格局。

能源自給與貿易逆差改善

在頁岩革命之前，美國每年需要大量進口原油與天然氣，能源依賴度曾經達到歷史高位，能源進口是貿易逆差的重要來源之一。頁岩油氣的大規模開採，使美國的能源進口需求大幅下降，甚至在天然氣領域實現了淨出口。

能源自給的提升，不僅減輕了貿易逆差的壓力，也讓美國在國際貿易談判中擁有更多底氣。過去，美國在制定外交政策時必須顧及能源進口來源國的立場，而頁岩革命後的能源自主，使其能在外交上更具靈活性，甚至對傳統能源出口國施加更大影響力。

第 5 章　能源與資源戰場

國內經濟的多重效應

頁岩革命對美國國內經濟產生了多方面的正面效應。首先，能源產業的擴張帶動了大量直接與間接就業機會，特別是在德州、北達科他州與賓州等主要頁岩油氣產區。其次，能源供應的增加壓低了國內油氣價格，降低了製造業與運輸業的成本，提升了整體產業競爭力。

此外，能源出口的增加帶來了外匯收入，並促進了港口、管道、儲存設施等基礎建設的投資。這些投資不僅有助於能源行業，也間接推動了鋼鐵、機械、工程與化工等相關產業的發展。

然而，頁岩革命也帶來一些挑戰，包括地方政府面臨環境監管壓力、基礎設施維護成本增加，以及資源開發對水資源與土地使用的衝擊。這些問題在部分地區引發了政策與民意的分歧。

國際能源市場的再平衡

美國能源生產的激增，對國際能源市場造成了結構性影響。傳統上，石油輸出國組織（OPEC）透過控制產量來影響油價，但頁岩油氣的靈活生產模式削弱了 OPEC 的市場主導力。當油價上漲時，美國頁岩油生產商能迅速增產，抑制油價過度上漲；而當油價下跌時，部分高成本頁岩油井則會停止生產，減少供應。

天然氣市場也受到影響。美國成為液化天然氣（LNG）出口的重要參與者，向歐洲與亞洲市場供應能源，增加了全球天然氣市場的多元化，減少了部分地區對單一供應國的依賴。

這種市場再平衡，雖然提高了能源供應的穩定性，但也加劇了出口國之間的競爭，使能源市場波動頻率增加。

能源外交與地緣政治優勢

頁岩革命帶來的能源自主,讓美國在地緣政治上獲得顯著優勢。過去,美國在中東的軍事存在部分是基於保護能源供應線,而如今能源依賴降低,使美國能在該地區採取更具選擇性的戰略部署。

同時,能源出口成為美國外交政策的一項新工具。對於希望減少對特定供應國依賴的國家,美國能提供替代能源來源,藉此增強雙邊關係與戰略合作。例如:向歐洲出口天然氣,不僅是經濟交易,也是一種地緣政治信號,表明美國能在能源安全上提供支持。

長期挑戰與可持續性

儘管頁岩革命帶來了巨大的經濟與戰略收益,但其可持續性仍受多重因素影響。首先,頁岩油氣的開採成本與油價密切相關,若國際油價長期低迷,可能抑制新井的投資與開發。其次,頁岩井的產量衰退速度快,需要不斷投入新鑽井以維持產量,這增加了資本支出壓力。

環境問題也是重要挑戰。水力壓裂技術可能導致地下水汙染、地層沉降與地震風險,且開採過程中的甲烷洩漏對氣候變遷的影響不可忽視。隨著全球減碳目標的推進,美國能源政策將面臨如何在保持頁岩產業競爭力的同時,滿足環境與氣候承諾的兩難。

頁岩革命的未來定位

未來,頁岩革命對美國的影響將取決於幾個關鍵變數:

- 國際油氣價格走勢:價格將直接影響投資意願與產量。
- 技術進步:鑽井與壓裂技術的創新能否降低成本與環境衝擊。

第 5 章　能源與資源戰場

- 能源轉型速度：再生能源與電動車普及速度將影響油氣需求。
- 政策與監管環境：政府對環境保護與能源開發的平衡，將決定產業發展空間。

總體而言，頁岩革命已經重塑了美國的能源地位與國際影響力，即便在全球能源轉型的浪潮中，其戰略價值仍將持續發揮作用。

5-3 綠能與低碳轉型的地緣經濟

全球能源轉型的背景與動因

綠能與低碳轉型已不再只是環境議題，而是全球經濟與國際政治的核心戰略方向。氣候變遷、環境汙染與能源安全風險，推動各國加速從石化燃料轉向再生能源，並以減碳為核心制定產業政策。對許多國家而言，能源轉型不僅是應對環境挑戰的手段，更是搶占新興經濟領域、提升國際競爭力的契機。

國際間的碳排放協議與環境規範，已經改變了貿易規則與投資方向。無論是碳邊境調整機制、再生能源補貼政策，還是綠色金融標準，都在重塑全球經濟結構。那些率先掌握綠能技術與供應鏈主導權的國家，將在未來數十年的國際秩序中占據有利位置。

綠能資源的地緣分布

不同於石化燃料集中於少數地區，綠能資源的分布相對分散，但各國在資源條件與技術能力上的差異，仍造成地緣經濟影響。例如：太陽能資源在赤道與乾旱地區尤其豐富，風能則在沿海與高緯度地區更具優勢；地熱與水能則取決於地質與水文條件。

此外，低碳轉型依賴的關鍵礦產資源——如鋰、鈷、鎳、稀土元素——卻呈現高度集中。例如：部分國家掌握了全球超過一半的稀土產量，而南美洲「鋰三角」擁有全球最豐富的鋰鹽湖資源。這意味著在綠能時代，資源掌握國仍能透過出口與供應鏈控制，影響全球能源轉型進程。

第 5 章　能源與資源戰場

綠能供應鏈與新興產業競爭

綠能轉型帶來全新的產業鏈競爭格局。太陽能、風能、氫能、儲能系統以及電動車電池等產業，成為全球投資與研發的焦點。這些產業的供應鏈涵蓋原材料開採、零件製造、系統整合、工程建設與營運維護，每一個環節都可能成為國際競爭的戰場。

在這種背景下，控制供應鏈的完整性與自主性成為各國戰略目標。一些國家選擇大規模投資本土製造能力，以減少對外部供應的依賴；另一些國家則透過國際合作與自由貿易協定，確保能夠取得穩定的零組件與原料來源。

綠色科技的外交影響力

在地緣政治層面，掌握先進綠能技術的國家，可以透過技術輸出、專利授權與基礎建設合作，建立新的國際影響力。例如：提供他國可再生能源發電設備與技術支援，不僅能促進雙邊經濟合作，還能在國際談判中換取外交支持。

這種「綠色外交」與傳統的能源外交相似，差別在於其形象更符合全球永續發展的趨勢，因此更容易獲得國際輿論的支持。對開發中國家而言，接受綠能基礎建設援助，往往意味著能直接躍升至低碳能源系統，而不必經歷長期的石化燃料依賴期。

經濟結構轉型的內部挑戰

雖然綠能與低碳轉型帶來新的產業機會，但對傳統能源依賴度高的國家而言，也伴隨經濟與社會挑戰。例如：石化燃料產業的萎縮可能導致大規模失業，並影響相關地區的稅收與公共服務。對這些地區而言，

如何透過職業再培訓與產業轉型政策，減少轉型過程中的社會衝擊，是政策制定者必須面對的關鍵課題。

此外，低碳轉型初期的投資成本往往較高，尤其是再生能源基礎設施的建設需要龐大資金。對中低收入國家而言，這可能導致財政壓力增加，甚至加劇債務風險。因此，國際金融機構與綠色基金在轉型過程中的資金支持，將成為關鍵推力。

國際規則與綠色貿易壁壘

隨著低碳轉型的推進，國際貿易規則正在發生變化。碳邊境調整稅（CBAM）等政策，要求出口商品必須符合特定碳排放標準，否則將面臨額外關稅。這種規則既是環境政策工具，也是產業競爭策略，因為它能保護本國低碳產業免受高碳產品的競爭衝擊。

然而，綠色貿易壁壘也可能引發新一輪國際爭端。開發中國家往往批評這類政策具有「綠色保護主義」色彩，因為它們在低碳技術與資金方面處於劣勢，難以在短期內達到相同的環境標準。

未來的地緣經濟格局

綠能與低碳轉型的推進，將重新塑造全球能源與經濟版圖。未來的地緣經濟格局，可能呈現以下幾個趨勢：

- 技術領導力取代資源壟斷：掌握關鍵技術與專利的國家，將在國際競爭中占優勢。
- 供應鏈安全成為新焦點：各國將優先確保綠能產業鏈的穩定性與自主性。

第 5 章　能源與資源戰場

- 綠色外交影響力上升：以低碳合作為核心的外交策略，將在國際關係中扮演更重要角色。
- 環境標準影響貿易格局：碳排放與永續標準將成為國際貿易的核心條件之一。

總體而言，綠能與低碳轉型不僅是能源結構的變革，更是全球經濟與地緣政治的新競爭場域。能在轉型過程中掌握主動的國家，不僅能減少對石化燃料的依賴，還能在新的國際秩序中建立長期優勢。

5-4 資源出口國的談判籌碼

資源作為國際談判的硬實力

在國際政治與經濟的舞臺上，擁有戰略資源的國家，天然具備談判上的優勢。這些資源可能是能源類（石油、天然氣、煤炭）、礦產類（鋰、鈷、稀土、銅）或農產品類（糧食、棉花、咖啡豆）。當資源在全球供應中具有稀缺性或替代性低時，出口國便擁有了影響市場價格、控制供應節奏，甚至在政治議題中交換利益的能力。

這種談判籌碼並非只展現在價格，而是更廣泛的「策略性運用」。出口國可以根據自身國家利益，調整出口配額、設定長期合約條款、選擇特定貿易夥伴，或透過資源供應來換取技術轉讓、基礎建設投資與安全保障。

談判籌碼的多維度構成

資源出口國的談判優勢，並不是單純來自擁有資源，而是來自多重因素的組合：

- 市場依賴度：如果進口國高度依賴單一出口國的資源，談判主導權自然偏向出口國。
- 替代性與替代成本：替代來源稀少且成本高昂時，出口國的議價能力更強。
- 市場占有率與產能調節能力：控制全球產量的比例越高，越能影響價格與供應節奏。
- 儲備與運輸基礎：出口國若能靈活調整庫存與運輸路線，便能在談判中更具彈性。

■ 第 5 章　能源與資源戰場

- 國際政治關係：出口國與主要進口國之間的政治互動，常常影響資源談判的條件與結果。

這些因素相互作用，決定了出口國在不同時期、不同市場的談判籌碼強度。

資源出口國的策略性運用

資源出口國在談判中常用的策略，可分為以下幾類：

1. 長期合約保障穩定性

透過鎖定多年期的供應協議，確保價格與數量的穩定，並以此換取政治或經濟利益。

2. 配額與出口管制

在需求旺盛時，限制出口以抬高價格；在市場疲軟時，增加出口以維持收入。

3. 市場多元化

避免過度依賴單一市場，將出口分散至多個地區，以分散風險並提高談判靈活性。

4. 附帶條件交換

在資源交易中附加基礎建設、技術合作或投資條款，將資源出口轉化為多重收益。

5. 價格公式與調整機制

在合約中設計與國際指數連結的價格公式，確保出口收入與市場行情同步。

資源籌碼的限制與風險

雖然資源出口國在談判中具有優勢，但這種籌碼並非沒有代價與風險。首先，過度依賴資源出口的經濟模式容易受到國際價格波動的衝擊，當價格下跌時，財政收入與外匯儲備會迅速縮水。

其次，過度將資源政治化可能導致進口國加速尋找替代方案，甚至投資於新能源或其他供應來源，長期削弱出口國的市場占有率。此外，出口國之間的競爭也可能稀釋籌碼效果，尤其是在同類資源供應國過多時，彼此削價爭奪市場會降低整體議價能力。

最後，國內因素同樣影響籌碼運用的成效。若出口國基礎建設不足、政治不穩定或法律制度不透明，即便擁有資源，也可能因為無法穩定供應而失去信任度。

談判心理與信號傳遞

在國際資源談判中，心理因素與信號管理非常關鍵。出口國在談判桌上的表態、新聞發布、出口資料公布等，都可能影響市場預期與對手的談判策略。

例如：在價格高漲時，出口國可以透過公開承諾「穩定供應」來緩和市場緊張情緒，維持長期合作關係；反之，若想施加壓力，則可能暗示減產或提高出口門檻，以促使對方在其他議題上做出讓步。

這種信號的釋放與解讀，是資源談判中一種隱性的博弈過程，既需要經驗判斷，也需要精準掌握市場心理。

未來的籌碼新方向

隨著全球能源轉型與低碳政策的推進，資源出口國的籌碼組合也在發生變化。未來可能有幾個新趨勢：

1. 關鍵礦產取代傳統能源

鋰、鈷、稀土等低碳經濟核心資源，將在國際談判中取代部分石油與天然氣的地位。

2. 綠色認證與永續標準

能夠提供低碳、可追溯來源資源的出口國，將在高端市場中擁有優勢。

3. 資源加工與技術附加值

單純出口原料的議價能力有限，將資源轉化為高附加值產品後再出口，能顯著提升籌碼。

4. 跨領域談判捆綁

將資源談判與貿易、投資、科技合作等其他議題綁定，形成綜合性的談判策略。

在這樣的背景下，資源出口國若能靈活運用自身優勢，並持續強化基礎建設、技術能力與市場多元化，將能在國際舞臺上保持長期的談判優勢與影響力。

5-5 礦產與稀土供應鏈

礦產與稀土的戰略意義

在全球化與能源轉型的背景下，礦產與稀土資源已不再只是單純的工業原料，而是影響國際經濟競爭與地緣政治的重要戰略資產。從電動車電池所需的鋰、鎳與鈷，到高科技製造與國防工業不可或缺的稀土元素，這些資源的供應穩定性，直接影響到一國的產業發展與國家安全。

尤其是在綠能與低碳轉型的浪潮中，全球對關鍵礦產的需求呈指數型成長。國際能源機構預測，未來二十年內，鋰、鈷與稀土等礦產的需求量將是目前的三到七倍。由於這些資源在全球的地理分布高度集中，供應鏈安全問題日益突顯，並成為國際競爭的新焦點。

供應鏈結構與脆弱環節

礦產與稀土的供應鏈可分為四個主要環節：

1. 資源勘探與開採

掌握礦區與採礦權的國家或企業，是供應鏈的源頭。

2. 初步加工與精煉

礦石開採後需經過提煉才能成為可用原料，這一環節往往高度集中在少數具備技術與環保處理能力的國家。

3. 製造與組裝

將礦物加工成中間產品（如電池正極材料、磁鐵），再進一步整合至終端產品。

4. 回收與再利用

在低碳轉型的背景下，回收利用被視為降低供應風險與減少環境衝擊的重要途徑。

脆弱性主要展現在供應高度集中、替代品不足、技術壟斷以及地緣政治風險。例如：全球大部分稀土的精煉能力集中在少數國家，任何政策變動或運輸中斷，都可能導致全球供應鏈陷入瓶頸。

礦產資源的地緣分布與政治博弈

許多關鍵礦產的地理分布極不均衡。鋰資源主要集中在南美洲的「鋰三角」（阿根廷、智利、玻利維亞）與澳洲；鈷的主要產地在剛果（金），產量占全球七成以上；稀土礦雖分布於多個國家，但精煉能力高度集中在少數地區。

這種地理集中性，賦予資源掌握國重要的談判籌碼。出口國可以透過出口配額、價格調整、長期供應協議等手段，影響下游產業與進口國的策略選擇。進口國則會積極推動供應來源多元化，並加強與友好國家的礦產合作，以降低地緣政治風險。

上游壟斷與下游依賴

供應鏈中最大的風險之一，是上游開採與精煉的壟斷結構。當上游集中在少數國家或企業時，下游產業（如汽車、電子、再生能源設備）就必須承擔價格波動與供應不穩的風險。這種結構容易形成「資源武器化」的情況，即出口國將資源供應作為外交與經濟談判的籌碼。

下游依賴的另一個後果，是技術與產業的地理鎖定效應。當精煉與加工能力集中於特定地區時，即使其他國家擁有礦產資源，也可能因缺乏加工技術與環保處理能力，而無法有效參與供應鏈的高附加值環節。

供應鏈安全策略

為了降低對單一來源的依賴，各國與企業採取了多種策略：

- 多元化來源：積極尋找新的礦產供應國，分散地緣風險。
- 境外投資與收購：直接投資礦產開採專案，確保穩定的原料來源。
- 建立戰略儲備：類似石油儲備的概念，對關鍵礦產進行儲存，以應對供應中斷。
- 回收與循環利用：透過電池與電子產品的回收，減少對原生礦產的依賴。
- 技術自主化：投資精煉與加工技術，爭取在高附加值環節中獲得自主權。

礦產與稀土的環境與社會挑戰

礦產開採與精煉過程往往伴隨環境汙染、土地破壞與社會衝突。許多產地位於基礎設施落後、治理能力不足的地區，開採活動可能引發社區抗爭、人權爭議與勞動安全問題。

這些挑戰迫使企業與政府在供應鏈管理中納入環境、社會與治理（ESG）標準，確保資源供應不會因社會壓力而中斷。同時，消費者與投資人也越來越關注產品背後的資源來源與永續性，進一步推動供應鏈透明化與責任採購。

未來的競爭焦點

隨著能源轉型的推進，礦產與稀土的戰略地位將進一步提升，未來的競爭焦點可能包括：

- 技術突破:低成本、高效率的精煉技術將改變供應鏈格局。
- 新礦區開發:極地、深海與非常規礦源的開發潛力引發國際關注。
- 供應鏈重組:地緣政治與貿易規則的變化,將促使供應鏈布局更接近終端市場。
- 回收經濟的規模化:當回收技術與商業模式成熟,二次資源有望成為供應鏈的重要組成。

總體來看,礦產與稀土供應鏈已成為全球經濟競爭的關鍵領域。能夠在確保供應安全的同時,提升產業附加值並兼顧永續發展的國家與企業,將在未來的地緣經濟版圖中占據主導地位。

5-6 貴金屬作為戰略儲備

貴金屬的歷史地位與貨幣屬性

黃金、白銀、鉑金等貴金屬，幾乎自人類文明誕生起便與價值保存、財富象徵和貨幣體系密不可分。尤其是黃金，因其稀缺性、耐腐蝕性與可分割性，在古今中外都被視為最可靠的價值載體。即便現代經濟體系早已進入法幣時代，黃金依然是國際貨幣體系的重要安全錨。

過去，金本位制度將黃金與貨幣直接掛鉤，各國央行的黃金儲備量幾乎等同於其貨幣的信用基礎。雖然金本位在二十世紀中期被放棄，但貴金屬作為戰略儲備的功能並未消失，而是轉向金融安全與地緣政治博弈的領域。

戰略儲備的功能定位

貴金屬在國家戰略儲備中，主要承擔以下功能：

- 價值穩定：在通膨或貨幣貶值時，貴金屬能保值並避險。
- 國際支付手段：在極端情況下，貴金屬可作為跨境交易或償還債務的媒介。
- 金融市場信心來源：央行持有充足的黃金儲備，有助於增強市場對本國貨幣的信任。
- 地緣政治工具：在制裁或金融封鎖下，貴金屬可作為繞過國際支付系統的替代資產。

這些功能使得貴金屬不僅是金融資產，更是國家安全與外交政策的一部分。

第 5 章　能源與資源戰場

黃金儲備的全球格局

目前，全球黃金儲備量排名前列的國家，大多為經濟體量大、金融市場發達或地緣政治影響力強的國家。這些國家持有的黃金不僅數量可觀，還往往透過國際存放與回運策略，確保在必要時能快速動用。

不同國家在黃金儲備策略上存在差異。有些國家選擇集中儲存在本土，以確保主權控制；另一些則將部分黃金存放於國際金融中心，以便在全球市場中靈活運用。

此外，部分新興市場國家在外匯儲備結構中逐步提高黃金比例，藉此降低對美元資產的依賴，分散外部金融風險。

白銀與鉑金的戰略價值

雖然黃金在戰略儲備中的地位無可取代，但白銀與鉑金等其他貴金屬，也在特定領域發揮重要作用。白銀因其導電性與導熱性，被廣泛應用於電子產品與太陽能產業；鉑金則在汽車催化轉換器與氫能產業中具有關鍵地位。

這意味著，貴金屬儲備的戰略意義，不僅限於金融與貨幣領域，還涉及到先進製造業與新能源產業的安全保障。當特定貴金屬在供應鏈中占據不可替代的位置時，儲備其實也是確保國家產業安全的重要手段。

貴金屬儲備的風險管理

雖然貴金屬具備保值功能，但其價格波動仍會受到市場情緒、美元走勢、利率變化與地緣政治事件的影響。因此，在儲備管理中，必須平衡穩定性與流動性。

此外，儲備成本與安全性同樣重要。黃金等貴金屬需要專門的倉儲

設施與安保措施,長期存放的保管費與運輸成本不可忽視。在跨國儲備時,還需評估存放國的政治穩定性與法律制度,以避免在危機時出現資產凍結或轉移受阻的情況。

貴金屬在貨幣政策與國際金融的作用

央行在貨幣政策中,雖然不再依賴黃金直接發行貨幣,但黃金儲備依舊是外匯儲備組合的重要部分。在國際市場動盪或資本外流加劇時,央行可透過動用黃金儲備,增強市場對本國經濟的信心。

在國際金融賽局中,貴金屬有時會被用來支撐雙邊貿易結算,特別是在雙方缺乏穩定外匯儲備或受到制裁時。例如:部分國家之間的貿易協定會允許以黃金結算,繞過美元結算體系,減少受到國際制裁或支付系統限制的風險。

未來的戰略儲備趨勢

隨著全球金融體系的不確定性增加,以及地緣政治衝突的頻繁化,貴金屬作為戰略儲備的重要性可能進一步上升。未來幾個趨勢值得關注:

1. 黃金比例上升

部分國家將持續增加黃金在外匯儲備中的比重,以降低對美元和歐元資產的依賴。

2. 多元化儲備組合

在黃金之外,增加白銀、鉑金等具有產業戰略價值的貴金屬儲備。

3. 數位化黃金

隨著區塊鏈與數位資產技術的發展,黃金可能透過數位化形式進行跨境轉移與結算,提高流動性與效率。

4. 與綠色經濟連結

在新能源與低碳轉型中,鉑金等貴金屬的重要性可能提升,促使國家在儲備策略中納入產業安全考量。

總體而言,貴金屬不僅是金融市場的避風港,更是國家經濟韌性與戰略安全的重要支柱。能夠靈活運用貴金屬儲備,並將其與貨幣政策、產業發展及地緣政治策略相結合的國家,將在未來的全球競爭中擁有更強的抗風險能力與談判籌碼。

5-7 能源價格波動與市場穩定

能源價格波動的多重成因

能源價格的波動，往往是多重因素交互作用的結果，既有市場供需面的直接影響，也有政策、地緣政治、氣候與投機行為等間接因素。首先，供需變化是最直接的推動力。例如：冬季嚴寒或夏季酷暑會提高能源消耗，推高天然氣與電力價格；反之，全球經濟放緩則會減少需求，導致價格下跌。

其次，地緣政治事件是能源價格的重要推手。能源供應集中於少數地區，當主要產油國或輸氣國出現政治動盪、戰爭或制裁時，市場便會擔心供應中斷，提前推升價格。此外，金融市場的投機資金也會加大波動幅度，尤其是在期貨市場中，資金流入或流出可能在短時間內改變價格走勢。

最後，能源轉型與環境政策的推進，也在重新塑造價格波動的結構。例如：碳稅與排放交易制度會增加石化燃料的使用成本，而再生能源在供應中占比的提升，則可能在某些時段造成電價不穩。

價格波動對市場的衝擊

能源價格的劇烈波動，不僅影響能源行業本身，也會波及整體經濟。當油價飆升時，運輸成本與製造成本上升，會加重通膨壓力；當油價暴跌時，雖然消費者與進口國受益，但出口國的財政收入會受到嚴重衝擊，甚至影響其社會穩定。

對企業而言，價格不穩定會增加營運規劃的難度。能源密集型產業（如鋼鐵、化工、航運）在價格高漲時成本壓力巨大，而在價格低迷時，

■ 第 5 章　能源與資源戰場

雖然成本降低，但可能伴隨需求疲軟，造成利潤空間受限。對家庭而言，能源價格上漲會直接影響生活開支，特別是在供暖、交通與電力支出占比高的地區。

政府與企業的穩定策略

面對能源價格波動，各國政府與企業會採取多種穩定策略。對政府而言，最直接的方式是建立戰略儲備，例如石油儲備與天然氣儲存設施，用於在供應緊張時釋放市場壓力。此外，透過補貼與價格管制，政府也能在短期內緩解價格對民生的衝擊，但長期而言這可能造成市場扭曲與財政負擔。

對企業來說，避險（hedging）是管理價格風險的常見手段，尤其是在能源期貨與衍生品市場中，企業可以提前鎖定能源成本或銷售價格，減少不確定性。此外，多元化能源供應來源與投資再生能源，也是降低波動風險的策略之一。

國際合作與市場機制

在全球化的能源市場中，單一國家的行動往往不足以穩定價格，因此國際合作與市場機制成為關鍵。產油國之間的協調，如產量配額與減產協議，能在一定程度上平衡市場供需，減少價格劇烈波動。對天然氣市場而言，長期合約與管道基礎建設能提高供應穩定性，但靈活性相對不足。

另一方面，能源交易市場的透明度與規範化，也是降低波動的重要因素。當市場資訊充分且規則明確時，投機行為造成的價格異常波動會相對減弱，投資人與消費者的信心也更容易維持。

能源轉型對波動性的影響

隨著再生能源在能源結構中的占比上升，能源市場的波動性可能呈現新的特徵。再生能源（如太陽能、風能）的發電量受天氣影響較大，當缺乏足夠的儲能技術支撐時，電力價格可能在短期內大幅波動。此外，轉型過程中石化燃料投資減少，也可能在短期內造成供應不足，進一步推高價格。

然而，長期來看，能源轉型有望降低整體市場的價格波動。當能源來源多元化、儲能技術成熟且能源生產分布更分散時，單一事件對全球能源供應的衝擊將會減弱。這需要各國在政策與技術上同步推進，才能實現平穩過渡。

市場穩定與永續發展的平衡

在能源市場中追求價格穩定，必須與永續發展的目標相協調。過度追求短期價格穩定，可能導致對石化燃料的依賴延續，延緩能源轉型的步伐；反之，過於激進的減碳政策，若未考慮市場承受能力，也可能引發價格飆升與經濟衝擊。

因此，最佳策略是在確保能源市場穩定的同時，逐步推動低碳轉型，並透過技術創新與國際合作，降低轉型過程中的價格波動風險。

未來的市場穩定機制

未來，能源市場的穩定機制可能會呈現以下趨勢：

- 儲能技術普及化：大型儲能系統與分散式能源儲存，將在平抑再生能源波動方面發揮關鍵作用。

■ 第 5 章　能源與資源戰場

- 智慧電網與需求管理：透過即時調度與用戶側管理，實現供需的快速平衡。
- 區域能源合作：鄰近國家之間建立跨境電網與天然氣管道，分擔供應風險。
- 金融工具創新：更靈活的期貨、選擇權與保險產品，幫助企業與政府管理價格風險。

總體而言，能源價格的波動無法完全消除，但透過多層次的政策、技術與市場機制，可以將波動控制在可承受範圍內，為經濟發展與能源轉型提供穩定基礎。能在動盪中維持市場穩定的國家與企業，將在未來能源格局中占據主導地位。

5-8 氣候政策與貿易壁壘

氣候政策與貿易規則的交織

在二十一世紀的全球經濟中，氣候政策已不再只是環境議題的附屬品，而是逐漸滲透到貿易、產業與國際政治的核心。減碳承諾、碳排放目標、能源轉型計畫，不僅是各國應對氣候變遷的工具，更是影響全球供應鏈布局與貿易流向的重要力量。

然而，當氣候政策被納入貿易規則時，便不可避免地出現「氣候貿易壁壘」的現象。這些壁壘有的以碳排放標準為名，有的則透過環保認證、產品標籤、排放稅等方式，實質改變了商品進入市場的條件。對於不同經濟體而言，這既可能是推動綠色轉型的槓桿，也可能成為新的貿易摩擦源頭。

碳邊境調整機制的崛起

碳邊境調整機制（Carbon Border Adjustment Mechanism, CBAM）是最具代表性的氣候貿易壁壘。其核心邏輯是：如果一個國家的企業在生產過程中承擔了嚴格的碳排放成本，那麼來自環境標準較低國家的產品，進口時必須繳納相應的碳稅，以避免「碳洩漏」與不公平競爭。

支持者認為，這是迫使全球供應鏈共同減碳的有效方式，也能防止高碳產品透過國際貿易繞過環保規範。反對者則指出，CBAM 可能成為變相的貿易保護措施，特別是對於資源有限、技術不足的開發中國家而言，這等於是增加了進入高端市場的門檻。

綠色標準與認證制度

除了碳稅之外,綠色產品認證、環境標籤與供應鏈可追溯制度,也在成為新的貿易壁壘。例如:部分市場要求木材必須經過森林永續管理認證,或是食品需具備低碳足跡標籤,否則不得進口。

這些制度在理念上與保護環境一致,但實際運作中可能因為標準制定權掌握在少數國家或組織手中,導致某些國家在貿易談判中處於弱勢。此外,取得這些認證需要額外成本與技術投入,對中小企業與低收入國家出口商而言,是不小的負擔。

氣候政策的雙重性:推進與限制

氣候政策在國際貿易中的作用,往往具有雙重性。一方面,嚴格的減碳政策可以促進綠色產業發展,推動低碳產品進入國際市場,形成新的出口優勢。例如:掌握再生能源技術與低碳製造工藝的企業,能在國際競爭中占據高地。

另一方面,當氣候政策被用作貿易壁壘時,可能限制某些產業的出口機會。尤其是依賴高能耗製程的傳統製造業,在轉型過程中往往面臨巨額成本與技術瓶頸,短期內難以達到國際市場要求的環境標準。

供應鏈重構與產業外移

當主要市場引入嚴格的氣候貿易壁壘時,供應鏈結構往往會隨之改變。部分企業可能選擇將生產基地遷移至環境標準較高的國家,以避免高額碳稅與出口限制;另一些企業則可能將高碳製程分散到多個地區,以分散政策風險。

這種供應鏈重構，對於掌握綠色製造能力的國家而言，是吸引投資的契機；但對於缺乏環境基礎設施的國家而言，則可能導致產業外流與就業損失。長遠來看，氣候政策正在加速全球產業鏈的分化，形成低碳區與高碳區的市場隔閡。

開發中國家的困境與機會

對於開發中國家而言，氣候政策與貿易壁壘既是挑戰也是機會。挑戰在於，這些國家往往缺乏先進的減碳技術與資金，無法快速達到國際市場的環境要求，因而在出口競爭中處於劣勢。

然而，如果能藉助國際合作與綠色投資，開發中國家有機會直接跳躍傳統高碳產業階段，進入低碳製造與綠色能源領域，實現產業升級。部分國家已經透過吸引外資建立再生能源產業園區，並藉由出口低碳產品打入國際市場。

國際談判與規則制定權

氣候政策作為貿易規則的一部分，其影響力在於誰擁有制定標準與規則的主導權。大型經濟體往往能在國際談判中設定遊戲規則，而中小型國家則需要透過區域合作或多邊機構，爭取更多話語權。

在這個過程中，國際標準化組織、世界貿易組織以及各種氣候與能源合作平臺，都在成為博弈的場域。能夠在標準制定階段參與並影響決策的國家，將能在未來的綠色經濟中占據有利位置。

未來趨勢與策略建議

未來氣候政策與貿易壁壘的互動，可能呈現以下幾個趨勢：

(1) 碳稅全球化：越來越多國家會引入碳邊境調整稅，形成全球性的碳定價網絡。

(2) 綠色供應鏈成為市場通行證：低碳製造、可再生能源使用與環境透明度，將成為進入高端市場的必備條件。

(3) 區域氣候貿易協定興起：以環境標準為基礎的新型自由貿易協定，可能取代傳統以關稅為核心的協定。

(4) 綠色技術合作加速：技術轉讓與國際研發合作，將成為開發中國家突破貿易壁壘的主要途徑。

總體而言，氣候政策與貿易壁壘的結合，是全球經濟結構重塑的重要推手。能在環境規範中找到產業競爭優勢的國家與企業，將在未來的國際市場中保持領先；反之，忽視氣候政策對貿易影響的經濟體，可能在全球低碳競賽中被邊緣化。

第 6 章
金融市場與全球經濟衝擊

第 6 章　金融市場與全球經濟衝擊

6-1 資本市場對關稅政策的反應

關稅與資本市場的直接連動

關稅政策看似是國際貿易領域的工具，但在金融市場的放大效應下，其影響早已超越貨物貿易本身，直接牽動股市、債市、外匯市場與大宗商品價格。當一國宣布提高進口關稅時，最直接的反應來自股市。進口依賴度高的產業、外銷比重高的出口型企業，會立刻面臨市場預期的下修，股價承壓；而被視為受惠於保護性關稅的內需型產業，則可能短期獲得資金追捧。

債市的反應則較為複雜。若市場解讀關稅將推高進口成本、引發通膨壓力，債券殖利率可能上升，尤其是中長期公債收益率會反映通膨預期的變化。反之，如果關稅被視為抑制經濟成長的因素，市場可能轉向避險，推升公債價格、壓低殖利率。

外匯市場的反應更具即時性。當關稅政策被市場解讀為削弱出口競爭力時，本幣可能承壓貶值；但若被認為有助於改善貿易逆差，則可能帶動本幣升值。

關稅對產業鏈與企業估值的影響

關稅政策對產業鏈的影響並非均勻分布。第一波衝擊往往集中在進口依賴度高的中間產品製造業與高科技產業。例如：當進口原材料或零組件被課以關稅，企業的生產成本會迅速上升，壓縮利潤空間。資本市場在評估企業價值時，會提前將成本上升的影響反映到股價中。

另一方面，受保護的內需型企業短期可能因市場屏障而獲利，但長期而言，缺乏國際競爭壓力可能導致效率下降與創新動能減弱。資本市

場對這類企業的長期估值，往往取決於政策持續性與產業自身升級的能力。

國際化程度高的跨國企業則需要同時面對多個市場的政策環境，資本市場對它們的評估，不僅關注單一國家關稅政策的影響，更會評估全球供應鏈的調整成本與地緣風險的累積。

關稅政策與投資資金流向

在全球資本高度流動的環境下，關稅政策會迅速影響資金流向。當市場預期關稅將打擊出口與製造業，資金可能撤出相關產業與國家市場，轉向避險資產如黃金、美國國債或瑞士法郎。相反，若關稅被視為提升國內產業保護與就業的手段，可能短期吸引資金流入本國股市與債市。

值得注意的是，這種資金流向的變化往往帶有高度短期性與投機性。投資人可能因政策預期反覆調整持倉，導致市場波動加劇。長期資本，例如主權基金與退休基金，則會更注重政策的持續性與宏觀經濟走勢，不會因一次性的關稅措施做出劇烈調整。

關稅與市場情緒的互動

資本市場的反應，不僅是對關稅本身的經濟影響，更受到市場情緒的驅動。若關稅措施出乎市場意料，或者發布時伴隨強硬的外交措辭，市場情緒可能急速惡化，觸發拋售潮。反之，如果政策早有傳聞，且市場預期充分，實際宣布時的反應可能相對溫和，甚至出現「利空出盡」的反彈。

市場情緒的另一個層面，是對決策者政策風格的解讀。若市場認為政策具備高度不可預測性，資本可能因擔心政策風險而撤離；反之，若政策執行穩健且可預期，市場雖可能對短期影響作出反應，但長期資金信心不會因此動搖。

第 6 章　金融市場與全球經濟衝擊

關稅政策與系統性風險

在某些情況下，關稅政策可能觸發系統性風險。特別是當關稅措施涉及全球主要經濟體之間的對抗時，市場會擔心衝突升級為全面的貿易戰，進而影響全球供應鏈、貿易量與經濟成長。這種擔憂會促使投資人提前調整投資組合，增加避險資產持有比例，減少高風險資產曝險。

此外，若關稅政策引發報復性措施，市場的不確定性將進一步加大。此時，投資人不僅需要評估本國政策的影響，還必須考慮對手國的反制可能性，以及這些措施對全球經濟的連鎖效應。

穩定市場的政策工具

面對關稅政策帶來的市場波動，決策者與監管機構可以採取一些穩定市場的措施。例如：透過清晰且一致的政策溝通，減少市場對未來政策方向的不確定性；或者在政策落地前，與主要貿易夥伴進行協調，降低衝突升級的可能性。

另外，金融監管機構也可在波動期間加強市場監控，防止過度槓桿與高頻交易放大市場波動。對企業而言，提前進行供應鏈多元化與成本避險，是應對關稅政策不確定性的長期策略。

未來趨勢與長期觀察

隨著全球經濟競爭加劇，關稅政策可能成為各國更頻繁使用的戰略工具。資本市場將不得不適應這種高波動、高不確定性的政策環境。未來值得關注的方向包括：

1. 政策的可預測性

可預測的政策變化對市場的衝擊相對有限；反之，不可預測性高的措施會加劇資本外流與市場波動。

2. 跨市場連動效應

關稅政策對股市、債市、外匯與商品市場的影響，將越來越緊密且即時。

3. 投資人結構變化

被動投資與演算法交易在市場中的占比上升，可能放大對政策消息的短期反應。

總體而言，資本市場對關稅政策的反應，是經濟基本面、政策邏輯與市場心理三者交織的結果。能夠正確解讀政策意圖並靈活應對的投資人與企業，將在波動中找到機會；反之，忽視政策信號與市場情緒的參與者，可能在不確定性中付出高昂代價。

6-2 匯率波動與美元優勢

匯率波動的多層成因

匯率波動是全球金融市場中最即時、最敏感的現象之一,它反映的不僅是單一貨幣的供需狀況,更是整個國家經濟實力、貨幣政策、資本流動與市場信心的綜合表現。匯率變動的直接因素包括利率差異、貿易收支、通膨水準與國際資本流向;間接因素則涵蓋政治穩定性、地緣衝突、政策預期與投機行為。

在全球化高度發展的今天,匯率波動的觸發點可能來自世界的任何角落。例如:一場意外的地緣政治衝突可能引發資金避險潮,使美元、日圓或瑞士法郎等避險貨幣升值;相反地,一國的央行意外降息,則可能導致其貨幣短期大幅貶值,資金流出至收益更高的市場。

美元在全球金融體系的核心地位

在當前的國際金融秩序中,美元的地位依然穩固。它不僅是全球貿易結算的主要貨幣,也是外匯儲備、國際貸款與金融交易的基準貨幣。國際貨幣基金組織的統計顯示,全球外匯儲備中超過半數以美元計價;大宗商品如原油、天然氣、黃金等,也幾乎全部以美元標價。

美元優勢的核心原因包括:美國經濟體量龐大、資本市場流動性極高、美元資產的可兌換性強,以及美元背後的政治與軍事實力支撐。此外,美國國債市場的規模與安全性,為全球投資者提供了深具吸引力的資產避風港。

這種地位形成了所謂的「美元霸權循環」:全球對美元的需求推升美元匯率,美元升值增加其作為儲備與交易貨幣的吸引力,反過來又強化了美元的國際地位。

匯率波動與美元的避險屬性

美元在市場動盪時的「避險屬性」是其持續保持強勢的關鍵之一。當全球經濟面臨不確定性或危機時，資金會迅速湧向美元資產，例如美國國債與高流動性美元存款。這種現象在多次金融危機中屢見不鮮——即便危機源自美國本土，美元依然可能因避險需求而走強。

然而，美元的避險地位並非毫無代價。美元長期過強，會影響美國出口競爭力，擴大貿易逆差，並對新興市場經濟體造成壓力。許多新興市場國家的外債以美元計價，一旦美元升值，償債成本隨之上升，甚至可能引發債務危機。

美元優勢與國際金融傳導效應

美元作為全球金融體系的中樞，意味著美國的貨幣政策會透過匯率與資本流動，對其他國家產生深遠影響。當美國聯準會升息，美元資產的吸引力增加，全球資金往往回流美國，造成其他國家的資本外流與貨幣貶值；相反地，當美國降息並釋放流動性，美元可能走弱，資金流向新興市場與高收益資產。

這種「美元輸出－回流」的循環，讓美國在全球金融市場中擁有巨大的結構性優勢。其他國家在制定貨幣政策時，往往不得不考慮美元的走勢與美國政策方向，以避免資本市場出現劇烈波動。

匯率波動對貿易與產業的影響

匯率的升貶直接影響出口與進口的成本結構。當本國貨幣貶值時，出口產品在國際市場上更具價格競爭力，有助於出口產業成長；但進口商品與原材料的成本上升，可能推高國內物價，形成輸入型通膨。反

之，貨幣升值雖能降低進口成本，抑制通膨壓力，但可能打擊出口產業的競爭力，甚至導致產業外移。

美元的波動對此影響尤其顯著。由於美元在大宗商品定價中的主導地位，美元升值通常會壓低以美元計價的商品價格，影響能源、金屬與農產品市場；美元貶值則可能推升商品價格，加劇進口國的通膨壓力。

匯率管理與政策工具

各國在面對匯率波動與美元優勢時，會採取不同的管理策略。浮動匯率制度下，央行透過利率調整、外匯市場干預、外匯儲備管理等方式影響匯率走勢；固定或盯住匯率制度下，則需要大量外匯儲備來維持匯率穩定。

部分國家還會使用資本管制來減緩匯率壓力，例如限制短期資本流入流出，避免熱錢衝擊國內金融市場。同時，與貿易夥伴簽署本幣結算協議、推動多元化的外匯儲備結構，也是一種降低美元依賴的策略。

未來的美元地位與匯率格局

儘管國際社會不時出現「去美元化」的討論，但短期內美元地位難以被取代。要取代美元，需要具備龐大的經濟體量、深度與流動性足夠的資本市場、穩定的貨幣政策與強大的國際信任度。目前，其他主要貨幣如歐元、人民幣、日圓，雖在特定領域擁有優勢，但距離全面取代美元仍有差距。

未來的匯率格局可能呈現多極化趨勢，即美元仍保持主導地位，但其他貨幣在區域貿易與資本市場中扮演更重要的角色。同時，數位貨幣與區塊鏈技術的應用，可能改變部分跨境支付的模式，為匯率市場帶來新的變數。

總結與觀察重點

匯率波動與美元優勢，既是全球金融運作的核心現象，也是國際經濟博弈的重要戰場。對各國而言，關鍵在於如何在美元優勢的結構性影響下，維持貨幣穩定與金融韌性；對投資人而言，理解美元走勢與匯率波動的邏輯，是制定全球資產配置策略的必要條件。

能在匯率波動中找到避險的方法、並善用美元優勢與限制的國家與企業，將在國際市場的長期競爭中取得更有利的位置。

6-3 黃金與避險資產的角色

黃金作為避險資產的歷史根基

自古以來，黃金因其稀缺性、耐腐蝕性及易於分割和攜帶的特性，便成為各文明社會的價值標準與交換媒介。在貨幣體系尚未統一之前，黃金幾乎是各國通行的「世界語言」，在國際貿易中扮演穩定的計價與儲值功能。即便在金本位制度崩潰後，黃金依然保有作為金融避風港的特質，尤其在經濟衰退、通膨高企或地緣政治風險升高時，投資人會傾向將資金轉向黃金，以避免貨幣購買力下降與市場不確定性。

黃金的避險功能不僅展現在長期價值保全上，更在於它與其他資產的低相關性。在股市、債市或匯市劇烈波動時，黃金往往能夠獨立走出不同的價格曲線，提供投資組合的分散效果。這種特性，使黃金成為全球資產配置中不可或缺的一部分。

避險資產的多元化格局

雖然黃金是最具代表性的避險資產，但它並非唯一選擇。現代金融市場中，避險資產的範疇已拓展至包括瑞士法郎、日圓、美國國債，以及某些情況下的白銀、鉑金與大宗商品。不同避險資產在不同情境下的表現並不相同，這與其背後的經濟結構與市場預期密切相關。

例如：美國國債在市場恐慌時的避險屬性，主要來自美國資本市場的深度與美元的全球地位；日圓與瑞士法郎則因所在國政治穩定、通膨率低而獲得避險聲譽。白銀雖與黃金同屬貴金屬，但因其工業需求比例較高，在避險表現上波動性更大。

因此，黃金在避險資產組合中的角色，往往是與其他資產互補，而非單一主導。

黃金價格的驅動因素

黃金價格的變動受多種因素影響，其中包括：

- 通膨與實質利率：當通膨上升且實質利率為負時，黃金因其保值功能而吸引資金流入。
- 美元走勢：美元與黃金價格通常呈反向關係，美元走弱時，黃金價格往往上漲。
- 地緣政治風險：戰爭、制裁、外交緊張等事件會推動避險需求，帶動黃金上漲。
- 央行購金行為：各國央行增持或減持黃金儲備，會對市場情緒與供需平衡產生影響。
- 金融市場波動：當股市劇烈下跌或金融市場信心動搖時，黃金作為避險資產的需求上升。

這些因素往往同時作用於市場，因此黃金價格走勢既反映了經濟基本面，也反映了投資人的心理預期。

黃金與其他避險資產的比較

與美國國債相比，黃金不會產生利息收益，但它也不受違約風險影響，且供應量相對固定。與外匯避險資產相比，黃金不受單一國家貨幣政策的影響，因此能在多國危機同時爆發時維持價值。與工業金屬相比，黃金的價格波動較少受到經濟週期影響，因此在經濟衰退中表現更為穩定。

第6章　金融市場與全球經濟衝擊

然而，黃金也並非沒有風險。在市場流動性緊縮或資金急需回籠時，黃金價格可能短期下跌；此外，當全球利率顯著上升時，持有黃金的機會成本會增加，壓抑其價格表現。

黃金在央行儲備中的戰略地位

對各國央行而言，黃金是外匯儲備的重要組成部分。它不僅能在金融危機中提供流動性保障，還能作為國際支付與債務償還的最後手段。在美元體系中，持有黃金能部分降低對美元資產的依賴，分散外匯儲備風險。

部分國家更將黃金視為金融主權的象徵，將其儲存在本國境內，以確保在極端情況下的可控性。央行在不同時期的購金與售金行為，常被市場解讀為對全球經濟與金融風險的評估信號。

投資組合中的黃金配置策略

在投資組合中，黃金通常被配置為防禦性資產。根據多數投資策略建議，黃金在資產配置中的比例可介於 5%～15%，具體取決於投資人的風險承受度與市場環境。在高通膨或高不確定性時期，增加黃金比例有助於穩定整體投資表現；在市場穩定、利率上升的時期，則可適度降低黃金持有比例。

現代投資市場中，投資黃金的方式多樣化，除了實物黃金（如金條、金幣）外，還包括黃金 ETF、期貨、期權與黃金礦業股。不同投資工具的風險與流動性特徵不同，投資人應根據自身需求選擇。

未來的避險資產格局

隨著全球金融與地緣政治的不確定性增加,黃金與其他避險資產的重要性預計將持續上升。同時,數位黃金與區塊鏈技術可能改變黃金的交易方式與流動性,增加跨境交易的效率。此外,氣候變遷與綠色能源轉型,可能提升白銀、鉑金等貴金屬的戰略地位,使避險資產組合更加多元化。

對投資人與政策制定者而言,理解黃金與避險資產的互補關係,並根據市場環境動態調整配置比例,是應對未來不確定性的重要策略。能在波動與危機中靈活運用避險資產的經濟體與投資人,將在長期競爭中保持優勢。

第 6 章　金融市場與全球經濟衝擊

6-4 利率與資本流動

利率作為全球資金流動的核心驅動力

利率是金融市場的基礎變數之一，它不僅反映貨幣的時間價值，更是國家貨幣政策與宏觀經濟狀況的集中展現。對於資本流動而言，利率的變化往往是最直接的信號──高利率吸引資金流入，低利率則可能促使資金外流。這種現象在國際金融中被稱為「利差交易」邏輯，資金會自然流向報酬率較高、風險相對可控的市場。

然而，利率與資本流動的關係並非單向，因為資金流動本身也會反過來影響利率水平。例如：大量資本流入可能推升資產價格、壓低債券殖利率；反之，資本外流則可能使債券市場承壓、推高利率。這種互動構成了全球金融市場中的複雜循環。

利率差與資本流向

在開放的資本市場中，國與國之間的利率差異是資金跨境流動的主要驅動因素。當某國的利率明顯高於全球平均水準，尤其是高於主要儲備貨幣國家的利率時，資本會迅速湧入該國尋求更高的報酬。相反，當該國利率低於主要經濟體時，資金可能外流，尋找更具吸引力的市場。

然而，利差吸引資本流動的前提是風險可控。如果一國雖有高利率，但政治不穩定、通膨失控或貨幣大幅貶值風險高，投資人可能選擇觀望，甚至撤資。因此，利率與資本流向的關係必須放在風險收益的框架下理解，而不是簡單的「高利率吸引資金」公式。

貨幣政策與資本流動的互動

中央銀行的貨幣政策是調控利率的主要工具，透過升息或降息，央行能影響資本流入與流出的節奏。升息通常會吸引短期熱錢流入，推升本幣匯率；降息則可能刺激資金外流，壓低匯率。然而，這種政策效果在全球化的資本市場中並非絕對，因為資金流動還受到其他因素干擾，例如市場對未來利率走向的預期、國際地緣政治局勢，以及主要經濟體的政策動作。

當主要儲備貨幣國家（如美國）調整利率時，影響更是全球性的。美國升息往往導致全球資金回流美國市場，新興市場面臨資本外流壓力；美國降息則可能促使資金湧入新興市場，推高當地資產價格。這種全球性的資本潮汐，對許多依賴外資的新興經濟體而言，是極大的挑戰。

資本流動與金融穩定

資本流入雖能帶來外資與投資動能，但過快的流入可能推高資產泡沫，尤其是在房地產與股市等領域。當流入資金集中於短期投機性投資時，一旦市場信心動搖，資本外流的速度往往更快、更猛烈，可能引發匯率暴跌與金融危機。

歷史上多次金融動盪都與資本流動失衡有關。例如：在利率差與高報酬吸引下，大量外資湧入某些新興市場，但當外部條件逆轉（如美元升值或全球利率環境改變）時，資金急速撤離，導致市場崩盤。這顯示，穩定的資本流動需要與健全的金融監管和宏觀審慎政策配合，才能避免資金潮起潮落帶來的系統性風險。

第 6 章　金融市場與全球經濟衝擊

利率與長期資本流向

短期資本（如投機性投資、避險基金資金）對利率變化極為敏感，而長期資本（如直接投資、基礎建設資金、企業併購資金）則更關注結構性因素，包括市場規模、勞動力成本、產業政策與法治環境。這意味著，利率變化雖能影響長期資本的時點與節奏，但無法單獨決定其最終流向。

對政策制定者而言，關鍵在於如何利用利率優勢吸引長期資本，而非僅依賴短期利差帶來的資金潮。長期資本對經濟發展的貢獻遠高於短期投機性資本，因為它往往伴隨技術轉移、就業創造與產業升級。

全球利率環境與競爭

在當前全球低利率甚至負利率的背景下，利率優勢變得更為稀缺。一旦某國能在相對穩定的政治與經濟環境下提供正向且有吸引力的利率水準，就可能成為全球資金的目的地。然而，這同時也增加了資本流入過熱的風險，尤其是在避險資產匱乏的時期。

相反，在全球利率普遍上升的環境中，各國需要透過更全面的經濟競爭力來吸引資本，而不僅是單靠利率優勢。產業創新能力、基礎設施、貿易便利化與制度透明度，都會在資本流動的決策中扮演重要角色。

政策協調的重要性

由於利率與資本流動具有跨國連動性，單一國家的政策往往難以孤立運作。這也是為什麼主要經濟體之間會進行貨幣政策溝通與協調，以減少政策外溢效應造成的衝擊。例如：當一國升息可能引發他國資本外

流時，雙方可能透過外匯互換協議或金融合作框架進行緩衝。

此外，多邊金融機構在穩定資本流動方面也扮演角色，提供資金援助、政策建議與風險預警機制，幫助脆弱經濟體應對外部衝擊。

未來展望與策略

未來利率與資本流動的關係，可能受到以下趨勢影響：

(1)數位貨幣的出現：跨境支付成本降低，可能加快資本流動速度，增加利率調控的挑戰。

(2)全球通膨壓力變化：通膨預期將影響各國利率決策，進而改變資金流向。

(3)地緣政治分化：區域經濟集團內的資本流動，可能受到政策協調影響，減弱全球統一利率市場的特徵。

(4)氣候金融與綠色資本：未來資本流向可能更多受到永續投資目標影響，而不僅是利差。

總體來看，利率與資本流動的關係是一個動態平衡過程，受經濟基本面、政策預期與市場心理多重影響。能在全球資本競逐中穩定吸引長期投資、並有效管理短期資金流動的國家，將在國際金融格局中占據有利位置。

6-5 全球通膨壓力與成本傳導

全球通膨的多重來源

通膨是指一般物價水準持續上升的現象，背後的原因在全球化的市場中往往不是單一因素，而是多重力量交織的結果。傳統上，通膨可分為需求拉動型與成本推動型。前者來自總體需求過旺，例如消費與投資快速擴張；後者則來自生產成本上升，例如原材料、能源價格攀升或薪資成長。

在全球化與金融高度連動的今天，通膨的形成已超越國內因素。國際能源價格波動、全球供應鏈瓶頸、地緣政治衝突、跨國資本流動，以及主要貨幣國家的貨幣政策，都是推動全球通膨的重要驅動力。特別是在大宗商品市場，石油、天然氣、糧食與金屬價格的變化，往往會迅速透過貿易傳導到各國經濟體。

成本傳導的國際鏈條

成本傳導是全球通膨的重要機制。當上游的生產成本上升時，這些成本會沿著產業鏈逐步轉嫁到下游，最終反映在消費者物價上。例如：原油價格上升會推高交通運輸成本，進而影響零售商品價格；鋼鐵價格攀升會增加建築與製造業成本，最終使房價與耐久財價格上漲。

在全球供應鏈中，成本傳導的範圍更加廣泛。若某一關鍵零組件的生產集中於特定國家，該國的成本上升將透過全球製造業體系放大影響。例如：半導體晶片價格上漲不僅影響電子產品，還會影響汽車、家電、工業設備等多個行業的最終售價。

6-5 全球通膨壓力與成本傳導

匯率與通膨的交互作用

匯率變動是成本傳導的另一個重要管道。當本幣貶值時，以外幣計價的進口商品價格上升，導致進口通膨壓力增加；反之，本幣升值能在一定程度上抑制進口通膨。這也是為什麼許多依賴進口能源與原材料的國家，會格外關注匯率穩定，因為匯率波動對物價的影響可能迅速而直接。

美元在全球貿易中的主導地位，使其走勢對全球通膨具有廣泛影響。美元升值時，以美元計價的大宗商品對其他貨幣持有者而言變得更昂貴，可能加重通膨壓力；美元貶值則可能推高國際商品價格，影響進口依賴國的成本結構。

能源與糧食價格的核心角色

能源與糧食是全球通膨的敏感領域，因為它們不僅是消費者日常生活的必需品，也是大部分產業的基礎投入。當國際油價或天然氣價格大幅波動時，其影響不僅限於能源行業，而是會透過運輸、製造、農業、化工等多個部門，逐層傳導到整個經濟體。

糧食價格的上升除了影響餐飲與零售物價外，還可能引發社會穩定風險，特別是在低收入國家，糧食支出占家庭預算比重較高，物價上漲對民生衝擊更為劇烈。同時，極端氣候、自然災害與地緣政治衝突，常常使糧食價格波動加劇，增加通膨的不確定性。

全球化與區域化的通膨傳導差異

全球化時代的供應鏈，讓成本變化能迅速跨境傳遞。例如：亞洲製造業成本上升，可能在幾個月內反映到歐美市場的消費品價格。然而，

隨著部分供應鏈向區域化、在地化發展，通膨傳導的速度與範圍可能會有所改變。

區域化供應鏈在一定程度上能降低跨境運輸成本與匯率風險，但也意味著成本傳導可能更集中於特定經濟區域。例如：若某區域內能源價格上升，該區域的製造業與消費市場將迅速感受到壓力，而其他區域可能受到的影響較小。

通膨與政策反應

各國央行在面對全球通膨壓力時，通常會透過利率政策、貨幣供給控制與匯率干預等手段，抑制物價上漲。然而，當通膨來自成本推動而非需求過熱時，傳統的貨幣緊縮措施效果有限，甚至可能抑制經濟成長。這時，政策制定者需要在抑制通膨與維持經濟動能之間取得平衡。

部分國家會選擇補貼能源與糧食價格，以減輕通膨對民生的直接衝擊。但長期補貼可能造成財政壓力，甚至扭曲市場價格信號，影響資源分配效率。因此，結構性改革與產業升級，才是從根本上降低成本傳導風險的長遠之道。

企業的應對策略

面對全球通膨與成本傳導，企業需要具備靈活的成本管理能力與避險策略。例如：透過多元化採購來源、簽訂長期供應合約、運用期貨與期權等金融工具鎖定價格，都是減少成本波動影響的有效方法。

此外，企業還可以透過技術創新與流程優化，降低單位產品的能源與原材料消耗，以提高成本韌性。在產品端，則可藉由品牌價值與差異化設計，提升定價權，將部分成本壓力轉嫁給消費者。

未來的通膨格局與風險

未來全球通膨可能受到以下趨勢影響：

- 能源轉型成本：向低碳經濟轉型的過程中，基礎建設與新能源投資需求龐大，可能推高短期成本。
- 地緣政治分化：主要經濟體間的競爭與制裁措施，可能影響關鍵原材料與能源供應，增加成本波動。
- 氣候變遷衝擊：極端氣候事件可能加劇糧食與能源供應的不穩定性，推高價格波動。
- 科技變革與效率提升：自動化與數位化可能在中長期抑制成本上升速度，部分抵消通膨壓力。

總體而言，全球通膨壓力與成本傳導是一個結構性與週期性交織的現象。對國家而言，關鍵在於強化供應鏈韌性與能源自主能力；對企業而言，則需要提升成本管理與市場應變能力；對投資人而言，理解通膨的驅動邏輯並調整資產配置，是在不確定環境中保持穩健報酬的關鍵。

第6章　金融市場與全球經濟衝擊

6-6 供應鏈中斷與物價上漲

全球供應鏈的脆弱性

全球供應鏈是現代經濟運作的骨幹，從原材料採購、零組件加工，到成品組裝與跨境運輸，每一個環節都牽動最終商品的成本與可得性。過去幾十年，隨著全球化深化，企業為了降低成本與提高效率，將生產環節分散至不同國家與地區，形成高度分工與依賴的跨國生產網路。這種模式雖然提高了效率，卻也增加了系統的脆弱性。

一旦某個關鍵節點發生問題，例如港口封鎖、原料短缺、運輸延誤，整條供應鏈可能陷入停滯，影響範圍遠超單一產業。例如：汽車製造需要數萬種零件，其中任何一個零件缺貨，都可能導致整條生產線停擺。這種脆弱性在經濟高度連動的今天顯得尤為明顯。

供應鏈中斷的多重成因

供應鏈中斷的原因多種多樣，且往往相互交織。常見的因素包括：

- 自然災害：地震、颱風、洪水等會破壞生產設施與交通基礎建設。
- 地緣政治衝突：制裁、關稅壁壘、邊境封鎖等措施會阻礙跨境貿易。
- 物流瓶頸：港口擁堵、航運延誤、貨櫃短缺等會延長交貨時間。
- 原材料短缺：礦產、能源或農產品供應不足，直接影響製造業生產。
- 勞動力問題：罷工、勞動力短缺或疫情導致的停工，都會阻斷生產鏈。
- 資訊系統風險：網路攻擊或系統故障可能癱瘓供應鏈管理與物流安排。

值得注意的是，供應鏈中斷往往不是單一事件造成，而是多重因素疊加放大。例如：一場颱風可能破壞港口設施，導致船舶延誤；同時，能源供應中斷又讓工廠無法正常運作，進而加劇產品短缺。

成本傳導與物價上漲的機制

當供應鏈出現中斷時，首先受到衝擊的是生產成本。缺乏原料或零組件會迫使企業尋找替代供應來源，而替代來源的成本往往更高。此外，為了縮短交貨時間，企業可能選擇空運等高成本運輸方式，進一步推高成本。

這些成本增加最終會轉嫁給下游的批發商與零售商，再由他們轉嫁給消費者。由於現代商品的供應鏈跨越多國，一次中斷可能同時影響多個市場，導致全球範圍的物價上漲。

舉例而言，如果主要糧食出口國的收成不佳且出口受阻，國際糧食價格便會迅速上漲；由於糧食是多數加工食品的基礎原料，食品價格也會同步攀升，進一步推高通膨壓力。

供應鏈中斷的連鎖效應

供應鏈中斷的影響並不僅限於價格上漲，還會帶來一系列經濟與社會效應。首先是企業營運壓力增加，尤其是資本與庫存週轉能力較弱的中小企業，可能因供應中斷而陷入財務困境。其次，勞動市場可能受到衝擊，因為生產停擺會導致工人減班或失業。

此外，供應鏈中斷會削弱市場信心，資本市場對受影響行業的股價評估往往會迅速下修，投資人也會轉向避險資產，加劇金融市場波動。更長遠的影響則是產業布局的調整，企業可能因一次中斷事件而重新評估生產基地與供應商選擇，推動供應鏈多元化與區域化。

企業的應對與調整策略

面對供應鏈中斷風險,企業需要從策略與營運層面做出調整:

- 多元化供應來源:避免依賴單一國家或供應商,分散採購風險。
- 提升庫存彈性:在關鍵零組件與原料上保有安全庫存,以應對短期中斷。
- 數位化供應鏈管理:利用即時資料監控供應狀況,提早預警與調度資源。
- 區域化生產:在主要消費市場附近設立生產基地,縮短運輸距離與時間。
- 合作共享資源:與其他企業合作共享物流與倉儲資源,降低突發事件的衝擊。

這些策略雖然可能增加短期成本,但在長期能顯著提升供應鏈韌性,減少中斷帶來的損失。

政策與制度面的支撐

政府在供應鏈中斷的應對中扮演重要角色。除了確保基礎建設與物流體系的穩定外,政府還可以透過以下方式支援企業:

- 提供應急貸款與補助,幫助企業渡過短期資金壓力。
- 促進國際合作,確保跨境物流與關鍵物資的通暢。
- 建立戰略儲備,在能源、糧食與醫療物資等領域保持一定庫存。
- 強化貿易便利化,減少行政程序與關稅障礙,加快貨物流通。

這些措施有助於減緩供應鏈中斷對經濟與物價的衝擊,並增強國家的危機應對能力。

未來供應鏈風險管理的趨勢

未來,供應鏈風險管理將朝向更智慧、更分散的方向發展。人工智慧與大數據分析將被廣泛應用於預測需求、評估風險與優化物流;區塊鏈技術則有助於提升供應鏈透明度與追蹤能力。

同時,企業與政府都將更加重視供應鏈的韌性,而非僅僅追求成本最低化。這意味著全球供應鏈可能會進一步區域化與多元化,以降低系統性風險。雖然這可能帶來部分成本上升,但能換取更高的穩定性與抗衝擊能力。

總體而言,供應鏈中斷與物價上漲之間的關係,提醒我們在高度全球化的經濟體系中,效率與韌性需要取得平衡。能夠提前布局、分散風險並靈活應對挑戰的經濟體與企業,將在未來的全球市場中立於不敗之地。

6-7 投資人情緒與市場心理

情緒如何驅動市場

金融市場表面上看似理性,價格由供需關係與基本面決定,但實際上,投資人情緒與心理預期往往才是價格短期波動的主要推手。當市場氛圍偏向樂觀時,資金會更積極湧入風險資產,推高股價與商品價格;反之,當市場陷入恐慌,投資人往往集體拋售資產,導致價格快速下跌。

這種情緒驅動的現象,源於人類行為的非理性特質。投資人不僅根據資料做決策,還會受到直覺、情感、從眾心理與媒體報導影響。這也是行為金融學長期關注的課題 —— 市場不是純粹的數學模型,而是一個充滿心理互動的舞臺。

樂觀與悲觀的循環

市場情緒的波動往往呈現循環特徵。當經濟數據亮眼、企業獲利持續成長時,樂觀情緒會推動更多資金進場,價格持續攀升,形成所謂的「多頭行情」。在這種氛圍中,即使出現負面訊號,投資人也傾向忽略,認為市場有能力自我修正。

然而,情緒的高峰往往隱藏風險。當價格脫離基本面過遠時,任何不利消息都可能成為引爆點,使樂觀情緒迅速轉為悲觀。一旦恐慌情緒蔓延,投資人傾向同時拋售資產,造成市場急跌,進入「空頭行情」。這種從極度樂觀到極度悲觀的轉換,有時甚至不需要重大的經濟變化,只需一個心理臨界點被觸發。

從眾效應與羊群行為

金融市場中最常見的心理現象之一是羊群行為。投資人往往會觀察其他人的行動來決定自己的投資策略,尤其是在不確定性高的情況下。當多數人買進某檔股票或資產時,其他投資人即使沒有深入研究,也可能因害怕「錯過機會」而跟進,進一步推高價格。

這種從眾行為不僅會放大市場的上漲行情,也會加劇下跌的速度。當市場出現拋售潮時,即便基本面沒有太大惡化,恐慌情緒也可能迫使更多投資人賣出持倉,形成惡性循環。

損失厭惡與決策偏誤

心理學研究顯示,人們對損失的痛苦感受,遠大於獲利帶來的快樂。這種「損失厭惡」會影響投資決策,使投資人傾向於避免實現虧損,即使持有的資產已經明顯不具投資價值。相反,當投資人獲利時,則傾向於過早賣出,因為他們希望及時鎖定收益,避免價格回落。

此外,投資人常犯的另一個錯誤是過度自信。他們可能因過去幾次成功的投資而高估自己的判斷力,忽略市場的不可預測性,進而承擔過高的風險。這些行為偏誤會使市場價格脫離合理區間,增加波動幅度。

媒體與社群平臺的影響

在資訊傳播極為迅速的今天,媒體報導與社群平臺的言論對投資人情緒的影響越來越大。一則正面新聞可能瞬間引發大量買盤,而一則負面消息也可能在幾分鐘內引發市場恐慌。由於投資人容易受到即時資訊的情緒化影響,市場波動的頻率與幅度在近年顯著增加。

第6章 金融市場與全球經濟衝擊

社群媒體尤其放大了情緒傳染的速度。投資論壇、即時聊天群與社交平臺，讓市場謠言、情緒化評論與集體情緒在極短時間內擴散到全球，形成短期的價格異動。雖然這種快速反應有時能提前反映市場趨勢，但也可能造成價格的過度反應與非理性波動。

投資週期與情緒管理

成功的投資並非完全依賴精準預測市場走勢，而在於能否在情緒波動中保持紀律。許多專業投資人會透過固定的投資流程、資產配置策略與風險管理機制，減少情緒對決策的干擾。例如：設定止損點與獲利目標，可以避免因情緒波動而做出過激操作；定期檢視投資組合，能幫助投資人保持理性，避免因短期波動而過度調整策略。

此外，分散投資是管理情緒的重要工具。當投資集中於單一資產時，其價格波動會直接影響投資人的情緒與判斷；反之，將資產分散於不同市場與類別，可以減少單一事件對整體投資的影響，降低情緒化決策的可能性。

長期觀點與市場心理的互動

雖然情緒會驅動短期市場波動，但在長期，資產價格仍然會回歸基本面。投資人若能理解這一點，便能在市場情緒極端時逆向操作──在市場過度悲觀時逢低布局，在市場過度樂觀時適度減碼。這種逆向思維需要極高的心理素養與紀律，因為它往往與大多數人的行動相反。

長期投資的成功關鍵在於掌握市場心理的節奏，並在情緒波動中保持冷靜。理解群眾情緒的運作方式，不僅能幫助投資人做出更穩健的決策，也能在市場波動中找到機會。

未來的市場心理趨勢

未來，隨著演算法交易與人工智慧在金融市場的應用擴大，部分情緒驅動的波動可能會被量化策略所吸收。然而，演算法本身也是由人設計的，其背後仍然反映人類的風險偏好與行為模式，因此情緒因素不會完全消失。

同時，全球化與資訊化將使市場情緒更具同步性，一個地區的情緒變化可能迅速影響全球市場。對投資人而言，這既是風險，也是機會——能夠快速解讀情緒變化並作出反應的人，將能在瞬息萬變的市場中獲取優勢。

6-8 全球經濟成長預測下修

全球成長預測的重要性

全球經濟成長預測是各國政府、國際組織與企業制定政策與策略的重要依據。它不僅反映當前經濟環境的健康狀況，也影響市場預期、投資決策與國際貿易布局。當國際貨幣基金組織、世界銀行或主要投資銀行下調全球成長預測時，往往會對市場情緒與資金流動產生即時衝擊。

經濟成長預測下修的背後，通常意味著全球經濟的基本面出現挑戰，包括需求減弱、供應鏈瓶頸、資本市場波動、地緣政治風險以及政策不確定性等。下修預測不僅是對現況的評估，更是對未來一年或數年的警示。

下修預測的核心驅動因素

1. 全球需求放緩

當主要經濟體的消費與投資動能減弱時，國際貿易需求隨之下降。這可能由多種原因造成，包括利率上升壓抑消費、失業率攀升降低購買力，或是企業信心不足而減少投資支出。

2. 貨幣政策收緊

為抑制通膨，主要央行往往選擇升息與縮表，這雖能穩定物價，卻同時抑制了信貸擴張與經濟活動。全球同步的貨幣緊縮環境，容易導致成長動能快速降溫。

3. 地緣政治風險

貿易衝突、制裁與外交緊張局勢會阻礙跨境投資與供應鏈穩定。當企業無法預測未來的政策環境時，傾向採取觀望態度，減少擴張計畫。

4. 能源與大宗商品價格波動

能源價格飆升會推高企業生產成本與消費者生活成本，壓縮其他消費支出。對依賴進口能源的國家而言，這是直接的經濟壓力來源。

5. 結構性挑戰

包括人口老化、勞動力成長放緩、生產率提升不足等，都是影響長期成長潛力的結構性因素。

下修預測對市場與政策的影響

當全球成長預測下修，金融市場往往首先反應。股票市場可能因企業獲利預期下降而下跌；債券市場則可能因避險需求增加而出現殖利率下滑。外匯市場中，資金可能流向被視為避險的貨幣與資產，例如美元、瑞士法郎與黃金。

政策制定者面對下修預測時，通常會在刺激成長與控制風險之間尋求平衡。若下修幅度顯著，政府可能採取擴張性財政政策，例如基礎建設投資、減稅或補貼，以刺激需求；央行則可能放緩升息步伐或重啟寬鬆政策。然而，若下修預測的同時通膨壓力依然高企，政策空間就會受到限制。

區域間的分化效應

全球成長預測下修並不意味著所有地區都同步放緩。開發中國家與新興市場的成長率，可能依舊高於全球平均，尤其是內需市場龐大、產業多元化的國家。然而，這些國家也更容易受到資本外流與匯率波動的衝擊，因而需要在吸引外資與維持金融穩定之間取得平衡。

相對而言，已開發經濟體雖然成長率較低，但在金融穩定性與政策協調能力上更具韌性，能在外部衝擊下保持一定穩定。然而，若主要經濟體同時陷入低成長，全球需求疲弱將成為普遍現象。

企業與投資人的應對策略

企業面對全球成長預測下修時，需要重新評估市場布局與成本結構。保守的企業可能暫緩大型投資計畫，將重心轉向提升營運效率與現金流管理；積極型企業則可能趁低成長時期進行併購與市場滲透，以為未來反彈奠定基礎。

投資人則需在資產配置上增加防禦性資產比例，例如債券、避險基金與貴金屬，同時降低高波動性資產的比重。此外，多元化布局不同地區與產業，有助於分散成長放緩帶來的風險。

長期視角下的機會與風險

雖然成長預測下修往往被視為負面訊號，但在長期視角下，它也可能帶來結構性調整的契機。低成長環境下，資源分配可能更聚焦於高附加價值產業與永續發展領域，例如再生能源、數位基礎建設與醫療科技。

然而，若成長放緩伴隨高債務與高通膨，經濟將面臨「停滯性通貨膨脹」風險，對社會穩定與國際合作都是嚴峻挑戰。這需要各國在經濟政策與外交策略上更具前瞻性，並加強多邊合作，以共同應對全球性問題。

未來觀察重點

在未來幾年,影響全球成長預測的關鍵變數包括:

- 主要經濟體的貨幣與財政政策協調
- 能源轉型進程與價格穩定性
- 地緣政治局勢演變與國際貿易規則調整
- 科技創新對生產率的提升作用
- 人口結構變化與勞動力市場適應能力

總體而言,全球經濟成長預測下修是一個綜合訊號,反映了當前的挑戰與未來的不確定性。對政策制定者而言,它是警示也是契機;對企業與投資人而言,它既意味著風險,也可能隱藏著長期布局的機會。能在低成長環境中保持韌性與靈活性的經濟體與市場參與者,將在未來的全球競爭中取得優勢。

第 6 章　金融市場與全球經濟衝擊

第 7 章
供應鏈重組與產業轉移

第 7 章　供應鏈重組與產業轉移

7-1 去風險化與供應鏈分散

去風險化的崛起背景

過去二十多年，全球化為企業帶來了前所未有的市場規模與成本效率。各國企業依賴跨境採購、全球分工與即時生產系統，在降低成本與提高效率方面取得了巨大成功。然而，這種高度集中與相互依存的模式，也在無形中累積了脆弱性。

當特定國家、地區或企業在供應鏈中占據壟斷或關鍵地位時，任何意外事件——無論是自然災害、政治衝突、政策變動，甚至是單一企業的經營危機——都可能引發連鎖反應，導致整個供應鏈癱瘓。這種風險在近年逐漸被企業與政府放大檢視，促使「去風險化」成為全球供應鏈戰略的核心概念。

去風險化的目標並不是完全切斷與特定市場的連結，而是在不犧牲效率的前提下，降低對單一來源的過度依賴，增強供應鏈的韌性與靈活性。

為何企業開始供應鏈分散化

供應鏈分散化是去風險化的主要手段之一。所謂供應鏈分散化，指的是企業將原料採購、生產製造、倉儲物流等環節分布到多個地理位置與合作夥伴，以避免單一節點的中斷影響整體運作。

推動供應鏈分散化的原因包括：

- 地緣政治風險：制裁、關稅戰、政策壁壘增加了跨境貿易的不確定性。

- 自然與環境風險：氣候變遷導致極端天氣頻發，威脅特定地區的生產與運輸穩定性。
- 市場需求變化：不同市場對產品規格與交期的要求差異，使企業需要更靈活的布局。
- 成本結構波動：勞動力成本、能源價格、匯率變化促使企業重新評估生產基地。

在這些因素交織下，企業越來越傾向於建立「多節點、多備援」的供應網絡，以確保在某一地區發生問題時，其他地區的生產與供應能夠即時接手。

去風險化與效率的平衡

供應鏈分散化雖然能有效降低風險，但也帶來成本與管理複雜度的提升。過去全球化的核心優勢之一就是集中生產帶來的規模經濟效益，一旦改為多點布局，單一生產基地的產量下降，成本可能上升。此外，不同地區的管理文化、法律制度與基礎設施差異，也會增加協調與溝通的難度。

因此，企業在推行去風險化時，必須在成本效率與風險韌性之間取得平衡。這需要精準的資料分析、靈活的生產規劃與高效的跨部門協作，才能確保分散布局不會削弱整體競爭力。

多元化布局的策略

實施供應鏈分散化的方式多種多樣，常見策略包括：

- 雙供應商策略：為每一關鍵原料或零組件至少建立兩個獨立供應來源。

- 跨區域生產：在不同國家或地區設立生產基地，避免單一地理風險。
- 模組化設計：產品設計採用標準化模組，使不同工廠能互相替代生產。
- 在地化供應：針對主要消費市場，就近設置生產與物流中心，縮短交付時間。
- 動態庫存管理：透過即時資料監控需求變化，靈活調整不同地區的庫存水位。

這些策略並非相互排斥，企業往往會根據產品特性、市場分布與風險評估，組合多種方式來達成去風險化的目標。

政府與政策的推動角色

供應鏈分散化並非僅靠企業自身就能完成，政府政策在其中扮演了重要推動力。許多國家開始提供稅收優惠、基礎建設支持與研發補助，吸引外資與本地企業在關鍵產業領域建立多元化供應鏈。例如：一些國家針對半導體、醫療器材、能源設備等戰略性行業，制定了專門的供應鏈韌性計畫，以減少對外部單一市場的依賴。

此外，多邊合作機制也在供應鏈分散中發揮作用。區域貿易協定與經濟聯盟不僅降低了關稅與貿易壁壘，還促進成員國間的產業互補與資源共享，使跨國企業在區域內進行多點布局更具可行性。

去風險化的長期影響

去風險化與供應鏈分散將深刻改變全球產業格局。首先，它可能推動更多國家發展本地製造與加工能力，以滿足國內市場需求。其次，全球貿易流向將變得更為分散，不再過度集中於少數大型製造中心。第

三,供應鏈安全與韌性將成為企業競爭力評估的重要指標,與成本、品質並列為核心考量。

然而,去風險化也可能帶來全球製造成本上升,部分消費品價格可能因此提高。對消費者而言,雖然短期成本增加,但長期來看,穩定的供應與品質可能帶來更高的滿意度與信任感。

新時代供應鏈競爭力的重塑

未來的供應鏈策略將不再追求單一的「最低成本」,而是追求「最適平衡」。企業將更多依賴數位化工具來監控供應鏈風險,包括人工智慧風險預測、區塊鏈追蹤系統與即時物流監控平臺。同時,跨產業的合作將增多,例如不同企業共享運輸資源、共同建立備援生產線,以降低單獨承擔的成本與風險。

在這個新格局下,能夠有效融合效率與韌性的企業,將在不確定性日益增加的國際市場中,建立更持久的競爭優勢。

7-2 近岸外包與友岸外包

全球供應鏈策略轉變的背景

在全球化的黃金時期，跨國企業習慣將製造與服務外包到勞動成本最低的地區，以追求最大化的成本效益。然而，隨著地緣政治緊張、運輸成本上升、疫情衝擊與供應鏈中斷事件頻繁發生，單純追求低成本的模式已經不再安全。

近岸外包與友岸外包正是在這種背景下興起的兩種新策略。它們都旨在降低供應鏈風險，但方法與側重不同：

1. 近岸外包

將生產或服務轉移到與主要市場地理位置接近的國家或地區，以縮短運輸時間、降低物流成本並提高供應靈活性。

2. 友岸外包

將供應鏈建立在政治立場友好、價值觀相近或有穩定合作關係的國家之間，以減少因政策衝突與制裁而中斷供應的風險。

這兩種策略不僅改變了供應鏈的地理布局，也正在重塑全球產業競爭格局。

近岸外包的動因與優勢

近岸外包的核心驅動力在於縮短距離與時間成本。當生產基地距離消費市場更近時，可以獲得多重優勢：

(1)縮短交貨時間：縮短運輸距離能加快交付，特別適合產品生命週期短、需求變化快的行業，例如流行、消費電子與生鮮食品。

(2) 降低運輸成本與碳排放：減少長距離航運與空運的依賴，有助於控制成本並符合 ESG 環保標準。

(3) 加強客戶服務：更接近市場意味著能更快回應客戶需求與市場變化，提升品牌的敏捷度。

(4) 降低地緣政治風險：避免經過高風險航道或受制於不穩定的貿易夥伴。

例如：北美企業選擇將部分製造業務轉移到墨西哥與中美洲國家，歐洲企業則將部分產能搬回東歐或北非，以便快速響應本地市場需求。

友岸外包的戰略意義

友岸外包的重點在於政治與制度的信任基礎。在全球地緣政治分歧加劇的環境中，供應鏈的安全性不再只取決於成本與效率，還取決於供應國是否可靠。

企業與政府更傾向將關鍵產業的供應鏈建立在政治友好、制度透明、法治健全且尊重國際規則的國家，以確保合作的長期穩定性。

友岸外包的好處包括：

- 降低政策衝擊風險：政治關係穩定的國家較不會突然祭出出口限制、關稅或制裁。
- 加強技術與資訊安全：與友好國合作能降低智慧財產權外洩與技術被盜用的風險。
- 促進經濟與外交合作：在經濟與安全上相互依存的夥伴關係，有助於加強整體戰略聯盟。

在高科技產業與戰略物資領域，友岸外包的應用特別廣泛，例如半導體、醫療設備與新能源技術的供應鏈重組，都傾向選擇政治價值觀一致的合作夥伴。

兩種策略的互補性

近岸外包與友岸外包並非互相排斥，實際上許多企業會將兩者結合使用。例如：一家美國企業可能將部分製造轉移到地理位置接近的墨西哥（近岸外包），同時選擇政治立場友好的加拿大或日本作為另一個供應來源（友岸外包）。

這種組合策略既能縮短距離、提高反應速度，又能確保供應鏈的政治安全性，特別適合關鍵零組件需要高度可靠供應的行業。

實施挑戰與限制

雖然近岸外包與友岸外包的戰略優勢明顯，但在落地實施時仍面臨一些挑戰：

- 成本優勢不一定明顯：近岸或友岸的勞動力與營運成本可能高於傳統外包地區。
- 產業配套不足：新生產基地所在國家可能缺乏完整的供應鏈配套與熟練工人。
- 轉型成本高：供應鏈重組需要時間與資本投入，包括新廠房建設、員工培訓與物流網絡重建。
- 市場需求不確定性：若目標市場需求波動過大，新設基地的投資回收期可能延長。

因此，企業在採用這兩種策略時，通常會先進行嚴格的成本效益分析與風險評估，並保留部分既有的全球供應鏈結構作為備援。

政策與國際合作的推力

各國政府近年來積極推動近岸外包與友岸外包，尤其是在戰略性產業上。例如：某些國家提供稅收減免、土地補助與基礎設施投資，以吸引企業將產能轉移到本國或友好國家。此外，雙邊與多邊貿易協定也為這兩種策略提供制度保障，降低跨境經營的不確定性。

區域合作框架，如北美自由貿易協定的新版本、美日歐產業合作計畫，以及亞太經濟合作會議中的供應鏈協議，都是企業選擇近岸與友岸外包的重要政策依據。

構築多層防護的供應鏈新格局

隨著地緣政治競爭加劇與全球供應鏈韌性成為關鍵競爭力，近岸外包與友岸外包的應用範圍預計將持續擴大。未來五到十年內，這兩種策略可能會從高科技與戰略物資領域，延伸到更多消費品與服務業，形成一種「多層防護」的供應鏈結構。

長遠來看，能夠有效結合近岸與友岸外包優勢，並靈活調整布局的企業，將在多變的國際環境中更具競爭力，也能更從容應對市場與政治的雙重挑戰。

7-3 製造業回流的現實挑戰

回流潮的理想與現實落差

近年來，全球多個主要經濟體提出「製造業回流」的政策口號，試圖將因全球化而外移的產能帶回國內。推動這一策略的原因不難理解：製造業回流可以創造就業、提升供應鏈安全、降低對外依賴，甚至成為刺激內需與促進技術升級的重要手段。

然而，從口號到落實之間，卻隔著現實的巨大鴻溝。製造業回流不是簡單地把工廠搬回本國，它涉及整個產業生態、供應鏈結構、人才培育與成本重構等多重挑戰。對許多國家和企業而言，理想很吸引人，但落實過程往往比預期複雜得多。

成本結構的重新計算

推動製造業回流的第一個現實挑戰，就是成本問題。過去數十年，製造外移的主要驅動力在於海外的低勞動力成本與優惠政策。當生產回到本國時，人工、土地、環保規範與社會保障等成本必然高於海外，導致產品價格上升，削弱市場競爭力。

這意味著，除非國內市場願意為「本地製造」支付溢價，否則企業可能無法承擔高昂的生產成本。更現實的是，即便國內有消費者支持本地製造，也不一定能覆蓋全部產能所需的市場規模。

因此，許多考慮回流的企業必須透過自動化、生產流程優化與產品升級來分攤成本，否則在價格敏感的國際市場中難以存活。

供應鏈配套不足

製造業回流的另一大障礙，是配套產業鏈的缺失。現代製造依賴高度分工與全球供應鏈，原材料、零組件、專用設備與專業服務往往來自不同國家。如果回流後無法在國內建立完善的配套系統，企業仍需要大量依賴進口，成本與時間都可能上升。

以高科技產業為例，即便生產線設在本國，如果關鍵零件或材料仍需從國外運輸，一旦發生國際貿易中斷，產能依舊會受到衝擊。這也是為何部分回流計畫會與供應鏈分散化策略結合，同時在多個地區建立生產與供應基地。

勞動力與技能斷層

多年來的製造外移，已經讓許多國家在特定產業領域出現技能斷層。當生產回流時，本地市場可能缺乏足夠的技術工人與工程師來支撐營運。即使有勞動力，也可能需要長期培訓才能達到熟練程度。

此外，年輕勞動力對傳統製造業的興趣下降，也讓人才補充更加困難。這種情況迫使企業在回流的同時，加大自動化與數位化的投入，減少對大量人力的依賴。

基礎設施與投資環境的限制

製造業回流需要的不僅僅是工廠建築，還包括交通、能源、通訊等基礎設施的完善。若國內的基礎設施不足，將大幅增加建設成本與營運風險。同時，土地取得、環境審批與行政效率等因素，也會影響回流專案的進度與可行性。

有些國家雖然具備一定的基礎設施，但其稅收制度與商業法規複雜，導致企業需要投入更多時間與資源來適應本地經營環境，進一步延長投資回收期。

國際競爭與市場壓力

即便製造業成功回流，本國企業仍需面對國際競爭的壓力。當低成本製造國仍能以更低的價格供應同類產品時，本地製造的產品若沒有在品質、品牌或創新上形成明顯差異化，將難以在市場中脫穎而出。

在這種情況下，製造業回流更像是一場「價值鏈重構」的戰役，而非單純的地理轉移。企業必須在產品設計、技術創新與市場定位上做出差異化，才能確保回流後的生產具有可持續性。

政策支持與風險平衡

多數推動製造業回流的國家，會提供一系列政策支持，如稅收減免、貸款優惠、土地補助與基礎設施建設。然而，這些政策往往需要與財政平衡、社會公平等考量權衡。過度補貼可能導致財政負擔過重，而補貼不足又可能無法吸引企業回流。

此外，政策支持的可持續性也是關鍵。如果企業在回流後依賴政府補貼維持營運，一旦補貼減少或取消，整個商業模式可能失去穩定性。

回流成功的條件

綜合來看，製造業回流要想成功，需要滿足幾個條件：

- 高附加價值產品：專注於高技術、高品質、高品牌溢價的產品線，降低與低成本製造國的直接競爭。

- 自動化與數位化：利用先進技術降低人工成本，提升生產靈活性。
- 完善的本地供應鏈：與國內供應商建立緊密合作，減少對國際物流的依賴。
- 政策與基礎設施支持：確保在稅收、土地、能源與交通方面具備競爭力。
- 市場認同與消費者支持：建立「本地製造」的品牌形象，爭取消費者的情感認同與購買意願。

長期影響與未來展望

製造業回流不會在短時間內徹底改變全球產業格局，但它將與供應鏈分散化、近岸外包、友岸外包等策略一起，推動全球製造的再平衡。未來的製造業布局將不再是單一模式，而是多元化、混合型的全球網絡：部分產能回流本國，部分分布在友好國家或區域市場，形成更穩健的結構。

對企業而言，回流不是回到過去的製造模式，而是藉此機會升級價值鏈，透過創新與品牌塑造，建立長期競爭優勢。對國家而言，回流政策不僅是經濟策略，更是產業安全與國家競爭力的一部分。

7-4 電子產品供應鏈變局

全球電子產業的高度依存特性

電子產品產業是全球化程度最高的行業之一，從智慧型手機、筆記型電腦到車用電子與伺服器，其供應鏈橫跨數十個國家與地區，涵蓋晶片製造、零組件生產、軟硬體整合以及終端組裝。這種跨國、多層次的生產網絡，過去帶來了巨大的成本效率與技術分工優勢，但同時也埋下了高度依存與脆弱性的隱憂。

隨著地緣政治競爭加劇、技術出口限制收緊、疫情期間的物流中斷，以及市場需求的快速波動，電子產品供應鏈正面臨一場深刻的結構性變局。過去以成本與效率為主導的模式，正在讓位於以安全、韌性與多元化為核心的新模式。

供應鏈變局的核心驅動因素

1. 地緣政治與技術管制

高科技產業的戰略地位使得它成為國際競爭的焦點，半導體與關鍵零組件的出口限制，已經直接影響到全球電子產品的製造與研發。例如：高階製程晶片、精密光學元件與先進材料的出口政策收緊，迫使企業重新設計產品架構與尋找替代供應來源。

2. 需求與市場重心轉移

全球電子市場的成長動力正在從成熟市場向新興市場轉移，但同時也面臨產品生命週期縮短、消費者偏好快速變化的挑戰。廠商需要更具彈性的生產與供應體系，以因應需求的不確定性。

3. 疫情後的供應鏈韌性需求

疫情期間，晶片荒、物流延誤與原材料短缺的情況，讓企業意識到過度集中化的風險。許多公司開始建立多地生產、區域化倉儲以及關鍵零組件的安全庫存，以確保在突發事件下仍能維持生產。

4. 技術迭代速度加快

從 5G 通訊、人工智慧到物聯網，電子產品所需的零組件技術更新速度大幅加快。這意味著供應鏈不僅要應對外部風險，還必須具備快速導入新技術的能力。

全球電子供應鏈的重組模式

1. 區域化製造

許多企業正在採取「區域供應、區域製造、區域銷售」的模式，以縮短運輸距離、降低地緣風險並快速回應市場需求。例如：亞洲市場的電子產品在亞洲完成大部分生產與組裝，歐洲與北美市場則建立當地或鄰近的製造基地。

2. 多供應商策略

以往電子產業為了成本與品質穩定，常會選擇單一或少數幾個核心供應商。然而，如今多供應商已成為降低斷鏈風險的主流策略，尤其在晶片、電池與顯示面板等關鍵領域。

3. 垂直整合

部分大型品牌與代工廠選擇將關鍵零組件的生產掌握在自己手中，以減少對外部供應商的依賴。這種模式雖然成本較高，但能在供應鏈中斷時保持一定自主性。

4. 智慧供應鏈管理

透過人工智慧、大數據與即時追蹤技術，企業可以即時監測供應鏈狀況，預測需求波動，並快速調整生產與物流計畫。

勞動力與生產效率的挑戰

電子產品供應鏈的重組並不僅僅是地理分布的調整，還涉及人力資源與生產效率的再設計。由於電子製造對精密度、速度與品質的要求極高，任何新的生產基地都需要具備成熟的技術工人、穩定的管理團隊以及先進的製程設備。

然而，許多新興製造地區雖然勞動成本低，但在技術能力與產業配套上仍存在差距，需要時間與投資來縮短落後。此外，電子產品的組裝與測試過程高度依賴精密儀器與自動化生產線，對基礎設施與能源穩定性也有很高要求。

供應鏈變局下的企業策略

1. 產品設計的模組化與彈性化

將產品設計為可替換不同來源零組件的模組，有助於在供應中斷時迅速更換供應商，而不必重新設計整個產品。

2. 核心技術的內部掌握

企業會將最具競爭力與戰略價值的技術留在內部，例如自研晶片、專有演算法與獨家製程，以確保在外部供應受限時仍能維持產品差異化。

3. 長期合作與風險共擔

與供應商建立長期合作關係,並透過契約設計與共同投資來分攤風險,例如在重要零組件的生產設施中持股,確保穩定供應。

4. 區域市場的深耕策略

針對不同市場的需求特徵,開發專屬產品線,避免全球標準化產品在地化適應不佳的問題。

政策與國際合作的影響

各國政府已經意識到電子產業的戰略意義,並透過政策鼓勵企業在國內或盟友國設立生產基地。這些政策包括研發補助、稅收優惠、基礎設施支持,以及人才培訓計畫。

此外,國際間的技術合作與產業聯盟,也在供應鏈重組中扮演重要角色。例如:不同國家之間簽訂的自由貿易協定與科技合作協議,有助於降低關稅與技術壁壘,促進零組件與技術的跨境流動。

長期趨勢與未來展望

電子產品供應鏈的變局,最終將使產業結構更加多元與分散。未來的供應鏈將呈現「多中心化」特徵:不再依賴單一地區作為全球主要製造基地,而是由多個區域中心共同支撐全球需求。

這種趨勢雖然會在短期內推高成本,但長期來看,能提高供應鏈的韌性與安全性,並促進技術與市場的在地化發展。對企業而言,能否在這一變局中找到成本、效率與風險之間的平衡,將決定其在未來競爭中的位置。

7-5 農產品與糧食安全

糧食安全的重要性

糧食安全並不是單純的農業議題,而是一個涉及經濟、外交、安全與社會穩定的全局性問題。糧食短缺不僅會影響物價與民生,更可能引發社會動盪,甚至影響國際秩序。過去許多國家將糧食視為「戰略資源」,其重要程度與能源、科技相當。

在全球化的背景下,許多國家依賴進口來滿足國內糧食需求,而這種依賴在和平與經濟穩定的時期看似合理,但在供應鏈中斷、氣候變遷、地緣政治衝突或疫情等情況下,卻會成為重大風險。

糧食安全的核心,在於確保任何時候都有足夠、安全且可負擔的糧食供應,並建立能夠應對外部衝擊的韌性系統。

全球農產品供應鏈的脆弱性

1. 氣候變遷的衝擊

全球氣溫上升、極端天氣頻頻發生、乾旱與洪水等自然災害,直接影響農作物產量與品質。當主要糧食出口國的產量大幅下降時,國際糧價往往隨之飆升。

2. 地緣政治與貿易壁壘

戰爭、制裁、出口限制等政策,可能突然中斷某些農產品的供應。例如:糧食出口國限制出口以保障本國供應,將立即影響依賴進口的國家。

3. 疫情與物流中斷

全球疫情曾讓港口運作受阻、貨櫃短缺與物流延誤，導致糧食運輸成本上升與供應延遲。

4. 單一來源依賴

若某國對特定進口糧食過度依賴單一國家，一旦該來源出現問題，替代來源往往難以及時填補缺口。

農產品供應鏈的重組與去風險化

1. 多元化進口來源

為降低單一來源的風險，許多國家開始與多個糧食出口國建立貿易合作，確保任何單一供應鏈受阻時，都有其他替代方案。

2. 區域性合作機制

鄰近國家之間建立糧食儲備與應急協議，例如共享糧食儲備、緊急運輸通道與互助採購機制。

3. 本地生產能力提升

鼓勵本地農業升級，透過現代化灌溉技術、溫室栽培、精準農業與智慧農機，提高土地利用率與產量。

4. 數位化農業管理

應用大數據、物聯網與人工智慧，監測氣候、土壤與病蟲害狀況，提前預警並制定最佳種植與收穫計畫。

第 7 章　供應鏈重組與產業轉移

糧食儲備與戰略庫存

糧食安全不僅在於生產，更在於儲備與分配。戰略糧食儲備能在突發事件時平抑市場波動、保障民生。有效的儲備體系需要考慮：

- 儲備規模與種類：不僅儲備稻米、小麥等主糧，也應包括玉米、大豆、食用油等關鍵農產品。
- 保存技術：採用恆溫、低氧與真空技術，延長糧食品質保存期限。
- 輪換機制：定期更新儲備，避免糧食過期或品質下降。
- 分散式儲備：避免將糧食集中於單一地點，以降低自然災害或突發事故的風險。

糧食價格與市場波動的影響

糧食市場極易受到外部事件的影響而出現劇烈波動。當主要出口國限制出口或發生產量下降時，國際糧價會迅速上漲，直接影響進口國的物價與通膨壓力。

此外，糧食市場還容易受到投機資金的影響。當金融市場預期糧食供應緊張時，大量資金湧入期貨市場，推高價格，使得糧食進口成本更高。這對低收入國家與弱勢族群的生活衝擊尤其明顯。

政府與政策的角色

政府在糧食安全戰略中扮演多重角色：

- 制定糧食安全法規：確立國家在糧食供應、儲備與分配方面的責任與義務。

- 鼓勵農業投資：提供農業研發補助、低息貸款與保險機制，降低農民經營風險。
- 建立糧食價格穩定基金：在糧價異常波動時介入市場，平抑價格。
- 推動國際糧食合作：參與國際糧食組織與區域合作框架，確保在全球糧食危機時能獲得支援。

長期趨勢與未來展望

未來的糧食安全戰略將呈現幾個明顯趨勢：

- 技術驅動農業：智慧農業、基因改良作物與可持續種植技術將成為提升糧食產能的關鍵。
- 氣候適應型農業：針對氣候變遷風險，發展耐旱、耐鹽鹼與抗病蟲害的作物品種。
- 全球糧食治理強化：多邊合作將加強對糧食儲備、貿易透明度與危機應對的規範。
- 糧食與能源的交錯影響：生質能源對農產品需求的增加，可能進一步推高糧價，需建立平衡機制。

糧食安全的戰略高度

農產品與糧食安全不僅關乎一國的經濟穩定，更是社會安全與國家戰略的重要一環。在多重風險交織的國際環境下，建立多元化的供應鏈、在地化的生產能力，以及完善的儲備與應急機制，將是確保糧食安全的核心任務。

第 7 章　供應鏈重組與產業轉移

7-6 航運與物流調整

全球航運與物流的重要角色

航運與物流是全球貿易的動脈。無論是大宗原物料、工業零組件，還是電子產品與日常消費品，都需要依靠穩定、高效率的運輸體系來支撐跨境交易。海運、空運與陸路運輸不僅是商業活動的支撐基礎，也直接影響企業的供應鏈策略與市場競爭力。

然而，近年來全球航運與物流面臨一系列挑戰，從港口壅塞、運費飆漲、氣候異常，到地緣政治衝突與貿易政策變化，都迫使企業與物流業者重新思考運輸模式與布局。這場調整不只是短期的應對，更是一場結構性的轉型。

航運與物流的挑戰來源

1. 全球供應鏈的高度集中

過去為了追求規模經濟與成本效益，許多企業將生產與倉儲集中在少數幾個區域，導致運輸路線高度依賴特定港口或航道。一旦這些關鍵節點發生中斷，整個供應鏈都會陷入癱瘓。

2. 港口與航道的瓶頸

主要港口的擴建速度跟不上貿易成長的步伐，尤其在高峰期，船舶需要等待數天甚至數週才能卸貨。此外，蘇伊士運河、巴拿馬運河等國際要道也面臨交通擁堵與氣候限制的壓力。

3. 運費波動與成本上升

油價波動、船舶燃料環保規範升級以及港口服務費上漲，都使得航運成本居高不下。運費的劇烈波動，對長期簽約的貨主與物流商造成財務不確定性。

4. 氣候變遷與自然災害

極端天氣事件增加，例如颱風、暴雪與洪水，直接干擾航運時程與陸路運輸。此外，氣候異常還可能改變航道的可用性，例如河流水位下降影響內陸航運。

5. 地緣政治風險

戰爭、制裁與海上安全問題，使部分航線變得不可預測。例如某些區域的海域遭遇封鎖或海盜威脅，迫使船舶繞道，增加運輸時間與成本。

企業的航運與物流調整策略

1. 多路徑運輸

為了避免依賴單一路線，企業開始探索多條運輸路徑，例如在海運與空運之間靈活切換，或使用陸路鐵運作為替代方案。這種多元化策略雖然成本略高，但大幅提升了供應鏈的韌性。

2. 分散式倉儲

過去以集中倉儲降低成本的模式，正在被分散式倉儲取代。企業在不同區域建立多個倉儲中心，可以縮短交付時間，並在局部物流中斷時保持服務穩定。

3. 近岸生產與本地配送

透過近岸外包或在地化製造，減少對跨洋運輸的依賴，再結合本地配送網絡，提高供應鏈反應速度，降低跨境運輸的不確定性。

4. 智慧物流系統

藉助物聯網、人工智慧與大數據，企業可以即時追蹤貨物位置、監控運輸環境並預測潛在延誤。這不僅提高了透明度，也有助於在異常情況下迅速調整計畫。

5. 長期運輸合約與合作夥伴關係

為了穩定運費與運力，部分企業與航運公司簽訂長期合約，或透過策略聯盟共享運輸資源。這種合作模式在高波動的市場環境中尤為重要。

物流基礎設施的升級需求

航運與物流調整不僅取決於企業策略，還需要基礎設施的支持。港口需要自動化裝卸系統與智慧化管理平臺，以提升貨物處理效率；陸路運輸則需要更完善的高速公路與鐵路網絡；空運樞紐必須擴展倉儲容量與冷鏈系統，應對高附加價值與易腐貨物的需求。

此外，低碳轉型也在推動航運業的技術升級，例如使用液化天然氣（LNG）燃料船舶、發展氫能推進系統，以及在港口建設岸電設施，以減少碳排放與能源消耗。

政府與國際合作的推動角色

1. 貿易便利化政策

簡化通關流程、推行單一窗口報關系統，能有效縮短貨物在港口與邊境的滯留時間，降低物流成本。

2. 基礎建設投資

政府對港口、鐵路、公路與機場的投資,直接決定一國物流能力的上限。尤其在跨境貿易高度依賴的國家,基礎設施現代化是吸引外資與提升競爭力的關鍵。

3. 區域運輸協定

透過多邊協議降低運輸障礙,例如港口間的優先停靠權、跨境卡車與火車的快速通關安排,以及共享物流資料平臺。

4. 綠色航運標準

制定與國際接軌的環保規範,並鼓勵航運公司採用低排放技術,有助於符合全球 ESG 趨勢,吸引國際合作夥伴。

未來的航運與物流格局

航運與物流的未來將朝著「多元化、智慧化、低碳化」發展。

- 多元化:不再依賴單一路線與模式,而是靈活調配海、陸、空運力。
- 智慧化:利用數位技術進行精準調度、風險預測與成本控制。
- 低碳化:減少碳足跡將成為國際市場的通行證,低碳物流鏈將是競爭優勢的重要來源。

隨著跨境電商、全球製造與區域貿易的持續發展,航運與物流的角色將更加重要。能夠及時調整策略、投資基礎設施並擁抱新技術的企業與國家,將在未來的全球貿易版圖中占據有利位置。

7-7 資訊科技與資料供應鏈

從實體供應鏈到資料供應鏈

在傳統經濟模式中,供應鏈的核心是原物料、零組件與成品的流動。然而,在數位經濟時代,另一條同等重要甚至更具戰略意義的「供應鏈」已經形成,那就是資料供應鏈。

資料供應鏈涵蓋資料的蒐集、傳輸、儲存、處理與應用,貫穿從生產端到消費端的整個價值鏈。它不僅是企業決策的基礎,更直接影響產品研發、客戶關係管理、營運效率與市場競爭力。可以說,在數位經濟中,掌握資料就等於掌握了新的「能源」。

而資訊科技(IT)是驅動資料供應鏈的引擎,從雲端運算、人工智慧到物聯網與區塊鏈,這些技術決定了資料流通的速度、安全性與商業價值。

資訊科技與資料供應鏈的戰略地位

1. 經濟發展的核心資源

在現代商業環境中,資料被視為與土地、資本、勞動力並列的重要生產要素。不同的是,資料可以無限複製與重組,並在不同情境中創造多次價值。

2. 企業競爭的關鍵優勢

能夠快速蒐集並精準分析資料的企業,能更快辨識市場機會與風險,實現差異化競爭。例如:即時的銷售數據與顧客行為分析,能幫助品牌提前預測需求、優化庫存與制定促銷策略。

3. 國家安全與經濟主權

對國家而言，資料供應鏈的掌控權關係到資訊安全、經濟政策制定與社會穩定。敏感資料的外流可能引發經濟損失與國安風險，因此許多國家已經將資料安全納入國家戰略。

資料供應鏈的核心環節

1. 資料蒐集

來源包括企業內部的營運系統、外部市場資料、感測器收集的物聯網數據，以及使用者在數位平臺上的行為資料。蒐集的品質與範圍，直接決定後續分析的準確度。

2. 資料傳輸

高速且穩定的網路基礎設施是資料供應鏈的血管。5G 與光纖網路讓大量資料能夠低延遲傳輸，而衛星網路則在偏遠地區提供全球覆蓋能力。

3. 資料儲存

從本地伺服器到公有雲、私有雲與混合雲，不同儲存模式在安全性、可擴展性與成本上各有取捨。

4. 資料處理與分析

透過人工智慧與機器學習模型，將原始資料轉化為可行動的洞察。例如：零售企業可利用 AI 分析顧客購買模式，製造業可透過資料分析預測機器維護時間。

5. 資料應用與價值創造

分析結果可應用於產品研發、行銷策略、營運優化、風險管理等多個領域，甚至開發全新的資料型商業模式，如訂閱制與即時服務。

第 7 章　供應鏈重組與產業轉移

資訊科技帶來的供應鏈變革

1. 雲端運算的普及

雲端平臺使企業能以較低成本獲得高運算能力與彈性資源分配，促進全球跨地域協作與資料共享。

2. 人工智慧驅動決策

AI 不僅能加速資料分析，更能透過預測模型與自動化流程，讓企業在供應鏈中做出更精準的決策，降低庫存壓力與運輸成本。

3. 區塊鏈保障資料可信度

區塊鏈技術提供不可竄改的資料紀錄，有助於在跨境交易與供應鏈協作中建立信任，特別適合追蹤高價值產品與驗證交易真實性。

4. 物聯網提升即時監控能力

物聯網感測器能即時監測貨物位置、溫度、溼度等資訊，對冷鏈物流、醫療器材與高精密產品的運輸至關重要。

風險與挑戰

1. 資料安全與隱私保護

資料外洩、駭客攻擊與非法使用資料的事件屢見不鮮，要求企業與政府加強加密、防火牆與訪問控制機制，同時遵守相關隱私法規。

2. 技術依賴與集中化風險

當企業過度依賴單一雲端供應商或技術平臺，一旦對方發生服務中斷或政策改變，將對業務造成重大影響。

3. 跨境資料流通限制

不同國家對資料的存放地、跨境傳輸與使用有不同規範,增加了跨國企業管理資料供應鏈的複雜性。

4. 資料品質與標準化

資料來源多樣且格式不一,若缺乏標準化與清洗流程,可能導致分析結果失準,甚至誤導決策。

應對策略與發展方向

1. 建立資料治理框架

企業應制定資料收集、儲存、分析與分享的標準流程,確保資料的一致性與安全性。

2. 投資網路安全與隱私保護

採用先進加密技術、多重驗證機制與持續監測系統,降低資料外洩與入侵風險。

3. 培育資料專業人才

建立跨部門的資料分析團隊,提升全員的資料素養,讓資料驅動決策成為企業文化的一部分。

4. 強化跨國合作與標準制定

參與國際組織與產業聯盟,推動資料流通與安全標準的全球化協調。

第 7 章　供應鏈重組與產業轉移

長期趨勢與未來展望

未來的資料供應鏈將朝向即時化、分散化與自主化發展：

- 即時化：5G 與邊緣運算讓資料處理速度更快，能即刻反映市場與供應鏈變化。
- 分散化：透過分散式儲存與多雲策略，降低對單一平臺的依賴，增強韌性。
- 自主化：人工智慧將逐步接管供應鏈中的部分決策與管理，實現自我優化與自我修正。

在這一過程中，資訊科技與資料供應鏈的整合將不再是企業的選擇，而是生存必需。能夠有效掌握資料並轉化為行動力的企業與國家，將在未來的全球競爭中占據決定性優勢。

7-8 勞動力與人才流動

全球化與人才流動的新格局

勞動力與人才流動，是全球經濟與產業競爭的重要驅動力。在傳統製造業時代，勞動力流動多以尋求更低成本的生產地為目標；然而在知識經濟與數位經濟時代，人才的跨境流動不再只是勞動力轉移，而是高技能、高附加價值人才的全球競爭。

全球化曾經推動了大規模的人才流動，企業為了獲取最佳技能與市場優勢，積極在不同國家尋找合適的人才。但隨著地緣政治緊張、移民政策收緊、遠距工作普及，以及人口結構變化，全球勞動力市場的流動格局正在重新洗牌。

勞動力流動的多重驅動因素

1. 經濟機會差異

人們往往會流向經濟更繁榮、薪資水準更高、職業發展機會更多的地區。國際都市與創新中心因此成為吸引人才的重要樞紐。

2. 產業轉型與技能需求

當傳統產業衰退、新興產業崛起時，勞動力必須重新分配。例如：製造業向自動化與智慧製造轉型，需要更多工程師與資料分析師，而非單純的作業員。

3. 人口結構與勞動力缺口

高齡化社會的國家面臨勞動力短缺，需引進外來勞工與專業人才；而人口年輕的國家則希望輸出人力以獲取匯款與國際經驗。

4. 政策與簽證制度

移民政策、簽證類型與工作許可規範,直接影響勞動力跨境流動的規模與速度。放寬簽證限制的國家,往往更能吸引國際人才。

5. 生活品質與社會環境

除了薪資與職業機會,安全、教育、醫療、文化多元性與生活便利性,也會影響人才選擇目的地的意願。

高技能人才與低技能勞動力的雙軌流動

全球勞動力流動呈現明顯的雙軌化現象:

1. 高技能人才

集中於科技、金融、醫療與創意產業。他們的流動性高、對居住地選擇有更多自主權,並且更能因應跨國工作的挑戰。

2. 低技能勞動力

主要從事建築、農業、服務業等勞動密集型工作,受雇主與簽證條件限制較多,流動空間有限。

這種雙軌結構加劇了各國之間的人才競爭,特別是高技能人才的全球爭奪戰,使得部分國家祭出「黃金簽證」、「科技人才快速通道」等措施,吸引頂尖專業人士。

遠距工作與「無國界人才」的崛起

數位科技與遠距工作模式的普及,讓許多人不必實際移居到另一個國家就能為海外公司工作。這種「雲端移民」模式,改變了傳統勞動力流動的概念:

- 企業可以在全球招聘，不必受限於實體辦公室的地理範圍；
- 人才可以選擇生活成本較低、生活品質較高的地點工作，同時保有國際薪資水準；
- 部分國家開始推行「數位游牧簽證」，吸引遠距工作者在當地長期停留並消費。

這種新模式降低了跨境工作的行政與生活成本，但同時也對當地勞動市場與稅收政策帶來挑戰。

人才流失與「腦力外流」問題

對許多開發中國家而言，高技能人才的大量流出是一種結構性風險，造成國內創新能力下降與產業升級困難。

導致人才流失的原因包括：

- 本地薪資與國際差距過大；
- 研究與創業環境不足，缺乏資金與基礎設施支持；
- 社會與政治不穩定，缺乏長期規劃的信心。

有些國家採取「海外人才回流計畫」，提供創業補助、研究資助與稅務優惠，吸引人才回國。但這種政策需要配合整體環境改善，否則效果有限。

勞動力與人才流動的供應鏈影響

勞動力與人才流動，與供應鏈重組密切相關。當企業在新地區設立生產或研發中心時，能否獲得合適的人才，是決定投資成敗的關鍵。

第 7 章　供應鏈重組與產業轉移

- 若當地缺乏關鍵技能人才,企業必須投入更多培訓成本,或從其他國家引進人力。
- 高技能人才的集中,往往帶動周邊產業鏈的形成與壯大,形成創新集群效應。
- 人才流動不暢或政策壁壘,會限制產業轉移與供應鏈布局的靈活性。

政策與國際合作的推動作用

1. 雙邊與多邊人才流動協議

國家之間簽訂人才交流與資格互認協議,可降低跨境就業的制度障礙。

2. 教育與技能培訓合作

跨國合作辦學、職業技能認證與產學合作,能培養符合國際市場需求的人才。

3. 簽證與移民制度改革

精簡工作簽證流程、提供長期居留途徑,有助於吸引並留住國際人才。

4. 鼓勵回流與國際網絡建設

為海外人才建立商業與學術交流平臺,促進知識、資本與技術回流本國。

長期趨勢與未來展望

未來的勞動力與人才流動將呈現幾個明顯方向：

- 高技能人才全球化：企業對高端人才的競爭將更加激烈，跨國合作與人才共享成為常態。
- 低技能勞動力區域化：地理鄰近的國家之間將形成穩定的低技能勞動力流動通道。
- 遠距工作常態化：數位科技將使部分職業完全脫離地理限制，形成新的就業生態。
- 人才政策差異化：不同國家將根據自身產業結構與人口狀況，制定針對性的引才與留才政策。

在全球經濟與產業不斷變動的背景下，能否吸引並有效分配人才，將決定一個國家與企業在新一輪競爭中的位置。而勞動力與人才的靈活流動，也將是未來供應鏈重組與產業轉型的核心驅動力之一。

第 7 章　供應鏈重組與產業轉移

第 8 章
科技、資料與心理戰

第 8 章　科技、資料與心理戰

8-1 半導體技術封鎖

全球科技競爭的核心戰場

在當代國際經濟與政治的交會點上，半導體早已不再是單純的工業產品，而是一種戰略資源。它的角色就像能源時代的石油一樣，決定著各國的科技發展速度、軍事裝備性能與經濟安全韌性。任何一款智慧型手機、雲端伺服器、電動車，甚至是高頻交易系統與軍事雷達，核心都離不開一片小小的晶片。

全球的半導體價值鏈極度分工化與專業化。設計、製造、封測、材料供應、設備製造這幾個環節，分別由不同地區的企業掌握，其中任何一個環節的中斷，都可能導致整條供應鏈停擺。這種高度依賴彼此的生態系，在經濟全球化順暢的年代是一種效率的保證，但在地緣政治摩擦與科技封鎖頻繁出現的今天，卻成為極大的脆弱點。

供應鏈脆弱性與地緣壓力

半導體供應鏈的脆弱性並不是突然出現的，而是多年產業分工與市場力量所累積的結果。例如：美國在晶片設計與架構上保持領先，荷蘭、日本掌握最先進的光刻機與關鍵材料，臺灣與韓國則在先進製程代工市場占據主導地位，中國則在封測與部分成熟製程領域逐漸擴張。這種模式下，任何國家如果被切斷與某個關鍵技術或設備供應國的連結，就可能陷入技術發展的瓶頸。

自 2020 年以來，地緣政治風險急遽上升，科技競爭的焦點從市場占有率轉向「供應鏈安全」。當關鍵國家開始利用出口管制與技術限制作為談判籌碼時，半導體產業就從全球化的象徵轉變為國家戰略的一部分。

供應鏈因此不再單純以成本與效率為唯一考量，而必須在政治安全、技術自主與市場競爭之間尋求平衡。

技術封鎖的多層策略

半導體封鎖的方式，並不只是單純的禁止出口或課徵高關稅，而是透過多層策略精準限制對手的技術升級能力。第一層是針對最先進製程的關鍵製造設備，例如極紫外光（EUV）光刻機與先進蝕刻機，限制其銷售與維修支援。第二層是限制高性能運算晶片與 AI 加速器的出口，尤其是用於軍事、雲端與人工智慧領域的產品。第三層則涉及軟體與設計工具，這些工具雖然是無形資產，但卻是晶片研發的基礎，缺乏這些工具將大幅降低新製程的開發效率。

此外，部分國家還在投資審查、人才流動與研發合作等方面設下關卡，防止核心技術被轉移或間接取得。這意味著，即使企業有足夠資本與研發能力，若無法接觸到最新的技術與知識，也難以在短期內跨越製程門檻。這種封鎖策略的特點，是針對性強、影響深遠，目的是延緩對手至少五到十年的技術進展。

企業的雙軌應對之道

在這種環境下，企業無法再依賴單一策略應對，而是必須同時在兩條路上前進：自主研發與多元備援。自主研發意味著加大在核心技術、材料科學與製程創新的投入，即便短期回報有限，也要確保未來不會被卡脖子。多元備援則是透過地理與供應來源的分散，避免在政治緊張或自然災害中失去關鍵供應。

這種雙軌策略的落實並不容易，因為它需要巨額資金與跨國協作。例如：一家晶片設計公司可能會同時與多家代工廠合作，確保在一方受

第 8 章　科技、資料與心理戰

限時仍能維持生產；而代工廠則會分散設備與材料供應來源，甚至在不同國家建立生產基地，以應對突發情況。這些行動雖然增加了成本，但在高風險的國際環境中，韌性比短期利潤更為重要。

臺灣與韓國的平衡挑戰

作為全球先進製程的核心，臺灣與韓國在這場博弈中面臨獨特的挑戰。一方面，它們必須遵守主要出口市場的管制規範，以避免失去關鍵客戶與合作夥伴；另一方面，它們又必須維持與其他市場的合作，以確保產業的長期成長空間。

臺灣的優勢在於高良率與穩定的大規模量產能力，韓國則在記憶體與系統半導體領域具備深厚技術。兩國都持續加大研發投入，推進 3 奈米甚至 2 奈米製程的商業化，同時探索先進封裝技術以突破物理極限。在地緣政治壓力下，它們也積極強化供應鏈安全，與多國建立材料與零組件的合作網絡，降低單一來源依賴。

封鎖下的創新與分化

技術封鎖雖然限制了部分市場的發展，但也促使被封鎖方在壓力下加速創新。歷史上，許多突破都是在限制中誕生的 —— 當外部資源被切斷，內部就會被迫尋找替代方案。然而，這種創新往往需要更多時間與資金投入，而且短期內可能導致產品性能落後於領先者。長期而言，這會形成技術分化：一部分國家與企業持續推進最先進製程，另一部分則在中高階製程中尋找市場機會，兩者之間的差距可能越拉越大。

未來趨勢與戰略選擇

未來十年,半導體的競爭將不再只是產業內的比拼,而是國家戰略與國際秩序的較量。各國將持續投資本土製造能力,並透過國際合作或區域聯盟鞏固供應鏈安全。人工智慧、量子計算與低功耗運算等新興應用,將進一步推升對高性能晶片的需求,也會加劇對先進製程的爭奪。

對企業而言,長期生存的關鍵不只是技術領先,還包括靈活的策略調整與對地緣風險的敏銳反應。對國家而言,必須在經濟利益與安全需求之間找到平衡,既不能過度依賴單一市場,也不能在技術發展上被孤立。

掌握晶片即掌握未來

半導體已經超越了商業競爭的範疇,成為國際權力博弈的核心籌碼。對企業而言,建立技術自主、供應鏈韌性與全球合作網絡,是在封鎖環境中保持競爭力的必經之路;對國家而言,投資與保護半導體產業,就是投資未來的戰略主導權。在這場沒有硝煙的長期戰爭中,真正的勝者,不是封鎖別人的那一方,而是能夠不斷突破封鎖、擴展技術邊界的一方。

第 8 章　科技、資料與心理戰

8-2 AI 與雲端運算的戰略性

人工智慧的戰略地位

　　人工智慧（AI）早已不只是實驗室裡的研究成果，而是滲透到經濟、軍事、醫療、交通乃至國家治理的核心技術。從演算法訓練、語音辨識、影像分析，到自動駕駛、智慧製造、精準醫療，每一個領域都因 AI 而出現效率的飛躍與模式的重構。這使得 AI 不僅是企業競爭力的來源，更是國家戰略布局的核心支柱。

　　在現代國際競爭中，AI 的優勢不僅取決於演算法的創新能力，更取決於能否取得大量且多元的高品質資料，以及是否擁有足夠的運算資源支撐模型訓練。這兩者密不可分，而背後的支撐基礎，正是雲端運算的基礎設施與全球化的資料流動能力。

雲端運算作為戰略基礎設施

　　雲端運算並不是單純的資料儲存空間，而是一種提供彈性運算能力的基礎設施，它讓企業與政府能夠在不受硬體資源限制的情況下，快速部署與擴展各種應用。對 AI 而言，雲端的價值在於提供高性能 GPU、TPU 集群與分散式運算環境，使得超大規模模型訓練成為可能。

　　雲端運算的另一個戰略價值在於它的「平臺效應」——一旦一個國家或企業掌握了雲端平臺，就能對資料存取、演算法部署、甚至應用生態系統施加影響力。這意味著，雲端服務提供者不僅是技術供應商，更是資料與演算法的守門人。對國家而言，這種控制力直接關係到資料主權與數位安全。

資料、運算與演算法的三角關係

AI 的競爭優勢，取決於資料、運算與演算法三者之間的互動。資料是基礎，運算是動力，演算法是智慧。沒有足夠的資料，再好的演算法也難以發揮；沒有足夠的運算能力，再多的資料也無法快速轉化為可用的智慧。雲端運算在這裡扮演了關鍵的中介角色，將資料與演算法透過高效運算平臺連結起來，讓 AI 模型能夠在短時間內完成大規模訓練，並迅速部署到各種應用場景中。

這種三角關係的穩固，決定了一個國家或企業在 AI 領域的競爭力高度。領先者往往在三個環節上同時具備優勢，落後者則可能在任一環節受限，導致整體競爭力被壓制。

AI 與雲端的地緣政治維度

AI 與雲端運算的競爭，已經延伸到地緣政治層面。主要國家開始對跨境資料流動與雲端基礎設施的建置進行更嚴格的審查與限制，理由包括國家安全、隱私保護與產業競爭力維護。這意味著雲端平臺的國籍與資料儲存位置，已成為國際談判桌上的敏感議題。

部分國家推動「資料在地化」政策，要求國內生成的重要資料必須儲存在境內，並受當地法律監管；另一些國家則試圖透過國際合作協議，確保資料在盟國之間的自由流通。這些政策不僅影響 AI 的資料取得範圍，也影響雲端服務的市場布局與企業的國際化策略。

產業與國防的雙重驅動

AI 與雲端運算的戰略性，展現在它們同時服務於產業升級與國防安全。對產業而言，AI 提升了自動化與智慧化的水準，使製造業、金融

第 8 章 科技、資料與心理戰

業、醫療等領域實現成本降低與價值創造；對國防而言，AI 與雲端提供了無人作戰系統、情報分析、自動化指揮等能力，能在戰爭形態快速演變的背景下保持優勢。

這種雙重驅動，使得 AI 與雲端成為各國競爭投入的焦點領域。一旦在這兩方面落後，將在產業與軍事兩條戰線同時失分，長期影響國家競爭力。

企業的戰略選擇與挑戰

在這場競爭中，企業面臨的不僅是技術投入的壓力，還包括市場與政策的不確定性。大型科技公司傾向於透過併購與戰略投資，快速取得 AI 與雲端的關鍵技術與人才；中小型企業則需要尋找特定垂直領域的突破口，依附在大型平臺的生態系中生存與成長。

然而，依賴大型平臺也意味著受制於平臺的規則與限制，尤其是在資料存取權、運算資源分配與演算法透明度方面。因此，越來越多企業開始探索多雲策略，將應用部署在不同供應商的雲端平臺上，以分散風險並提高談判籌碼。

未來趨勢與戰略布局

未來十年，AI 與雲端運算的戰略競爭將更加激烈，幾個趨勢值得關注：

第一，AI 模型的規模將持續擴大，對運算資源與能源效率的需求也將同步增加。這將促使雲端平臺優化資料中心設計，並加速採用低功耗運算架構。

第二，專用 AI 晶片（如邊緣運算晶片與神經網路處理單元）的普及，將改變雲端與終端之間的運算分工模式，提升即時性與隱私保護。

第三，跨國資料流動的規則將趨於多元化與區域化，不同政治陣營可能形成各自的資料生態圈，企業必須適應多重標準與法規環境。

掌握 AI 與雲端，即掌握未來數位秩序

AI 與雲端運算的戰略性，在於它們同時是產業轉型的引擎與國際競爭的籌碼。掌握這兩者，就等於掌握了未來數位秩序的制定權。對企業而言，這意味著必須在技術創新、資源整合與國際合作上保持高度靈活；對國家而言，則必須在保障資料安全與促進科技發展之間找到平衡，才能在未來的數位格局中站穩腳步。

第 8 章　科技、資料與心理戰

8-3 資料主權與跨境流通

資料主權的興起

在數位時代，資料已經取代石油成為新的戰略資源。它不僅是企業競爭的基礎，更是國家治理、經濟發展與安全防衛的重要資產。所謂「資料主權」，指的是一個國家對境內產生、處理與儲存的資料，擁有完整的掌控權與規範權。這個概念的出現，與全球化初期「資訊自由流通」的理想截然不同。當資料與國家安全、經濟利益緊密相連時，保護資料就成為國家政策的優先事項。

資料主權的爭論，不僅是法律與技術的問題，更是國際權力結構的反映。不同國家對資料的管理方式，代表著它們對數位秩序的理解與控制欲望。美國主張以企業為中心、依市場競爭決定資料流動；歐盟強調隱私權與個人資料保護，推動嚴格的監管標準；部分新興經濟體則採取高度管控策略，將資料視為國家戰略資產，限制其跨境傳輸。

跨境流通的機會與風險

跨境資料流通曾經被視為促進全球經濟整合的重要途徑，特別是在電子商務、雲端運算、金融服務與跨國製造領域。當資料能自由流動時，企業可以在全球市場迅速擴展服務，消費者也能享受到跨國創新的成果。然而，這種流通同時伴隨風險：一旦敏感資料被不當存取、外洩或用於敵對目的，將直接衝擊國家安全與商業利益。

隨著人工智慧、大數據分析與物聯網的普及，跨境流通的資料量與敏感度呈指數成長。這使得各國政府開始重新審視跨境資料傳輸的規則，並在貿易協定、投資協議甚至軍事合作條款中加入資料安全的要

求。某些國家甚至要求關鍵產業的資料必須儲存在本國境內，以確保在緊急情況下能完全掌握資料。

資料與金融戰的關聯

資料主權與金融戰之間有著深刻的連結。在現代金融體系中，交易紀錄、支付資訊、資本流向等資料，都是分析經濟實力與監控金融風險的核心素材。一旦這些資料的主控權落入他國手中，就等於在經濟賽局中失去先手。

例如：在國際制裁與資金監控中，掌握全球支付系統與清算網路的國家，可以透過資料分析追蹤目標國的金融活動，甚至精準切斷其對外結算能力。這種資料導向的金融戰，不需要傳統的軍事手段，就能造成對手的經濟癱瘓。因此，資料主權的保護，已經成為金融安全戰略不可或缺的一部分。

企業的合規與策略應對

對跨國企業而言，資料主權的興起意味著經營環境更加複雜。不同國家的法律規範差異巨大，從歐盟的《一般資料保護規則》(GDPR)到亞洲各國的在地化儲存要求，企業必須投入大量資源建立合規體系。同時，企業還需在效率與合規之間找到平衡，既要確保資料處理的速度與成本可控，又不能觸犯當地法規。

這促使許多企業採取「分散式資料架構」策略，在不同市場建立本地資料中心，或與當地雲端服務商合作，確保資料符合所在地的監管要求。雖然這會增加營運成本，但也能降低政策風險，並在某些情況下獲得當地政府的支持與信任。

第8章　科技、資料與心理戰

地緣政治下的資料分裂

隨著地緣政治對立加劇，全球的資料生態可能出現「陣營化」的趨勢。不同政治與經濟聯盟內部，將建立各自的資料流通標準與技術規範，形成數位世界的多極化格局。對企業而言，這意味著跨境資料流通不再是單一規則下的技術問題，而是一場需要持續談判與適應的政治過程。

這種分裂雖然會增加企業的營運複雜度，但也可能帶來區域市場內的深度合作機會。當跨境流通受限，本地市場的資料價值會被放大，促使企業更重視在地化經營與合作夥伴網絡的建立。

未來的戰略方向

未來十年，資料主權與跨境流通的博弈將呈現以下幾個方向：

第一，技術標準之爭將與法律規範同步進行，誰能制定被廣泛採用的跨境資料傳輸協議，誰就能在數位經濟中掌握話語權。

第二，資料安全技術（如同態加密、聯邦學習）將成為跨境合作的重要工具，既能保護資料隱私，又能讓各方在不共享原始資料的情況下進行分析與合作。

第三，跨國企業需要發展「資料外交」能力，積極參與國際規則的制定，確保自身利益不被排除在新秩序之外。

掌控資料，就是掌控未來經濟主權

資料主權與跨境流通，不僅是科技議題，更是經濟與安全的交匯點。掌握資料流動的規則，意味著在全球數位競爭中握有制定秩序的能力。對國家而言，這關乎經濟韌性與安全保障；對企業而言，則是生存與擴張的關鍵。未來的數位秩序，將由那些同時理解技術、法律與地緣政治的參與者所塑造。

8-4 技術標準與國際競爭

標準之爭：隱形的戰場

在國際經濟與科技競爭中，技術標準是最容易被忽略，卻又最具長遠影響力的戰場。不同於關稅或市場禁令這些直接的貿易工具，標準的競爭是一種潛移默化的力量。它不會在短期內引起劇烈衝突，但一旦確立，就能長期塑造產業結構、影響市場走向，甚至改變全球供應鏈的配置。

標準之所以重要，是因為它決定了技術的語言和規則。誰的技術成為標準，誰就能掌握市場准入的門檻，並透過授權費用、專利控制與生態系統的鎖定效應，獲得持續的經濟利益。這種優勢不僅是商業層面的，還能成為國家在外交與戰略上的籌碼。

歷史上的標準戰

回顧歷史，從 VHS 與 Betamax 的錄影帶格式之爭，到藍光光碟與 HD DVD 的競爭，標準戰幾乎決定了市場的生死。然而，在更高層次的國際競爭中，標準之爭不只是企業對企業的較量，而是國家與國家之間的博弈。

例如：行動通訊的 3G、4G、5G 標準制定過程中，不同國家背後支持的企業都在國際標準組織中積極爭取話語權。誰的技術被納入標準，誰就能獲得巨大的專利授權收益，並在全球網路基礎建設中占據核心位置。這種結構性優勢，往往比一次性的大額訂單更具戰略價值。

國際標準組織的影響力

國際標準的制定，通常由專門的組織負責，例如國際標準化組織（ISO）、國際電信聯盟（ITU）、國際電工委員會（IEC）等。這些組織看

第 8 章　科技、資料與心理戰

似中立,但實際上各國代表在其中的影響力差異,會直接影響標準的走向。

國家若能在標準制定的早期階段發揮影響,就能將本國企業的技術優勢內建到標準之中,使競爭對手在進入市場時必須遵守其技術規範,甚至支付專利授權費用。這是一種結構性壟斷,與單純的價格競爭完全不同,因為它改變的是整個遊戲規則。

貨幣戰視角下的標準競爭

從貨幣戰與國際金融的視角來看,技術標準的爭奪與國際結算貨幣的地位競爭有著相似之處。就像一種貨幣成為國際貿易的主要結算工具後,發行國能獲得「鑄幣稅」與金融影響力,一項技術成為國際標準後,主導方也能持續收取授權費用,並在供應鏈中擁有優先地位。

這種結構性優勢意味著,標準之爭其實是一場長期的權力分配戰。即使在短期內不直接帶來市場占有率的提升,但在十年、二十年的時間過渡上,標準帶來的收益與影響可能遠超任何一次性貿易協定。

企業的標準戰策略

對企業而言,參與標準制定不只是技術問題,更是商業與外交的結合。一家企業若能在標準制定的過程中提出可行的技術方案,並獲得多國支持,就能在全球市場建立技術門檻,使競爭對手難以取代其地位。

這也是為什麼許多大型科技公司會投入大量資源參與國際標準組織的會議,甚至派出專門的「標準外交」團隊,在不同國家遊說並建立聯盟。標準一旦確立,企業便能透過專利池、授權協議與技術服務長期獲利,同時穩固自身在產業生態系的核心位置。

地緣政治與標準分裂

隨著地緣政治緊張加劇，未來的國際標準可能出現分裂趨勢。不同政治與經濟陣營，可能各自制定符合自身利益的技術規範，形成多套並行的標準。例如：在網路安全、資料加密、5G 通訊、數位支付等領域，不同陣營的標準差異可能會越來越大。

對企業而言，這種分裂意味著必須同時應對多種標準，增加研發與生產的複雜度。然而，對某些企業來說，這也是建立「標準壁壘」的機會，透過專注於特定陣營市場，深耕其標準體系，反而能獲得穩定的商業空間。

未來的標準競爭趨勢

未來十年，技術標準的競爭將呈現以下幾個趨勢：

第一，標準制定將更早介入技術研發階段，確保標準能與技術演進同步。

第二，國家與企業的合作將更緊密，標準制定將成為國家科技戰略的重要部分。

第三，標準的跨領域融合將加速，例如 AI、雲端、物聯網與區塊鏈的綜合標準，將成為下一波競爭的焦點。

制定規則者，才是真正的贏家

在國際競爭中，掌握技術標準的制定權，就等於掌握了產業的方向盤。這種影響力不僅能帶來持續的經濟收益，還能在地緣政治中發揮戰略作用。未來的科技競爭，贏家不一定是擁有最好產品的人，而是能夠制定規則、讓所有人都必須跟隨的人。

8-5 心理戰與媒體輿論操控

看不見的戰場：心理戰的本質

在國際競爭與國內政治中，心理戰是一種低成本、高影響力的策略。它的目的不在於直接摧毀對手的軍事力量，而是改變其心理狀態、削弱其意志，讓對手在行動上陷入猶豫、內部分裂或自我否定。心理戰的手段可以多樣化，從散播假訊息、扭曲輿論，到利用文化與價值觀的差異製造衝突，所有能影響人心的工具都可能被利用。

心理戰的最大特點是它的隱蔽性。與傳統戰爭不同，心理戰不一定有明確的開戰時刻，也沒有固定的戰線。它滲透在日常的媒體報導、社群互動甚至娛樂文化之中，在不知不覺間改變人們的認知與情緒。

媒體作為心理戰的放大器

在現代社會，媒體是心理戰最強大的放大器。新聞、電視、廣播、網路平臺與社群媒體，都是訊息傳遞與情緒擴散的高速通道。一則精心設計的新聞標題、一段經過剪輯的影片，甚至是一張圖片，都可能在短時間內引發巨大的情緒波動與輿論效應。

媒體的影響力來自於它塑造「現實感」的能力。對多數人而言，媒體上的內容就是他們理解世界的主要來源。因此，控制媒體的敘事框架，就等於掌握了大眾的認知地圖。心理戰的操作者會利用這一點，將訊息包裝成符合受眾既有偏見與情感傾向的內容，讓他們在不知不覺間接受並傳播這些觀點。

社群平臺與演算法的角色

過去的心理戰往往需要透過傳統媒體滲透，但在社群平臺與演算法的時代，資訊操控的速度與精準度已經進化到前所未有的程度。平臺的演算法會根據使用者的興趣、點擊行為與互動模式，自動推薦可能吸引他們注意的內容。這種設計原本是為了提升使用者體驗與平臺黏著度，但在心理戰的視角下，它卻成為精準投放資訊的利器。

透過演算法，心理戰操作者可以針對不同人群投放完全不同的訊息，形成所謂的「資訊泡泡」。在這種環境下，每個人接收到的資訊都被過濾與定制化，強化了既有立場，減少了與不同觀點接觸的機會。久而久之，社會的對立與分裂便會加劇，而這正是心理戰希望達到的效果。

輿論操控的常見手法

輿論操控的手法多種多樣，其中最常見的包括：

第一，情緒化的敘事。利用恐懼、憤怒、羞辱或榮譽感，讓受眾在情緒驅動下迅速採取立場，而不經過理性思考。

第二，真假資訊混合。將真實資訊與虛假內容混在一起，使受眾難以分辨，進而削弱對所有資訊的信任感。

第三，製造假共識。透過機器人帳號、大量留言與重複轉發，營造某種觀點已獲得壓倒性支持的假象，影響中間立場的人。

第四，斷章取義與選擇性報導。只呈現對自己有利的部分，刻意忽略或隱藏完整背景，使輿論傾向特定立場。

第8章 科技、資料與心理戰

心理戰的經濟效應

　　心理戰與輿論操控不僅影響政治，也能對經濟產生巨大衝擊。例如：針對金融市場的謠言可能在短時間內引發股價暴跌，造成企業市值蒸發；針對消費品的負面輿論，可能直接打擊品牌聲譽與銷售表現。

　　在國際層面，心理戰甚至可以作為經濟制裁的輔助手段。當媒體與社群平臺充斥對某國經濟體系的負面報導時，投資人信心會受到打擊，資本外流與貨幣貶值的壓力隨之而來。這種影響往往比傳統的關稅與禁運更難以防範，因為它是透過人心的改變間接實現的。

防禦與反制策略

　　面對心理戰與輿論操控，國家與企業必須建立多層次的防禦機制。第一層是資訊素養教育，讓公民具備辨別資訊真偽與分析媒體敘事的能力。第二層是媒體監測與輿情分析，及時發現可疑的資訊傳播模式。第三層是跨部門與跨平臺合作，快速回應並澄清假訊息，同時追蹤其來源與資金流向。

　　企業在防禦方面同樣需要主動出擊，建立危機溝通團隊，隨時準備應對突發的輿論攻擊。此外，企業還應與媒體保持穩定的合作關係，確保在危機發生時能迅速獲得發聲管道。

未來的心理戰態勢

　　未來的心理戰將更加隱蔽與高科技化。隨著人工智慧生成內容（AIGC）的普及，製造高度擬真的假影片、假音頻與假新聞將變得更加容易。這意味著輿論操控的成本將進一步降低，而辨識與反制的難度則顯著提高。

此外，心理戰將更注重長期滲透與文化影響，而不僅是短期的輿論衝擊。透過影視作品、娛樂節目、遊戲與社群文化，操作者可以在多年內逐步改變受眾的價值觀與認同感，這種影響一旦形成，幾乎無法逆轉。

掌握人心，即掌握戰局

心理戰與媒體輿論操控，是現代競爭中最具威脅但也最難防範的武器。它不需要軍隊與武器，卻能改變一個國家的內部穩定與外部行動。對國家而言，建立資訊韌性與公民防護意識，是抵禦心理戰的核心任務；對企業而言，維護品牌信任與危機應變能力，是在輿論風暴中生存的關鍵。未來的戰場，將不僅在疆界與市場上，更在每個人的心中。

8-6 消費者行為與市場反應

消費者行為的戰略價值

在商業與經濟的世界裡，消費者行為不只是行銷的研究對象，更是企業與國家制定策略的重要依據。從購買決策、品牌偏好，到價格敏感度與產品忠誠度，每一個消費者的選擇，都是市場脈動的縮影。對企業而言，理解消費者行為的模式，意味著能在競爭激烈的市場中搶先一步；對國家而言，消費趨勢反映了經濟活力與社會情緒，甚至可能預示宏觀經濟的走向。

隨著科技進步，消費者的行為變得越來越容易被追蹤與分析。線上購物平臺、行動支付、社群媒體互動，甚至是智慧家電的使用資料，都構成了龐大的行為資料庫。透過這些資料，企業不僅能分析過去的行為，還能預測未來的需求，並在適當時機推出產品或促銷方案。

情感與認知的雙重驅動

消費者行為的形成，不是單純的理性計算，而是情感與認知交織的結果。雖然經濟學的傳統假設認為消費者會根據價格與效用做出最優選擇，但現實中，多數人更容易受到情緒、習慣與社會影響的驅動。例如：限時優惠會讓人產生錯失恐懼，從而加快購買決策；明星代言與社群口碑則能在無形中塑造品牌形象，影響消費者的長期偏好。

在心理學的觀點中，人們的決策常常受到「認知偏差」的影響，例如損失厭惡、錨定效應與從眾心理。這些偏差雖然可能導致非理性的選擇，但對企業來說，卻是可以設計與利用的商機。例如：將高價產品與中低價產品一同陳列，可以利用價格對比引導消費者選擇特定品項；提供免費試用或贈品，則能降低購買門檻並培養使用習慣。

市場反應的速度與幅度

　　市場對消費者行為的變化極為敏感。一旦消費者的偏好或購買模式出現轉變，整個產業鏈都可能受到影響。這種反應的速度與幅度，往往取決於市場的資訊透明度與競爭程度。在高度競爭的市場中，消費者的行為變化會迅速反映在價格、庫存與促銷活動上；而在壟斷或寡占市場，變化可能較為緩慢，但一旦發生，影響會更為深遠。

　　以數位產品市場為例，新功能的推出或設計改版，往往能在短時間內引發大量的討論與試用行為。企業若能快速收集並分析使用者回饋，就能在競爭對手反應之前調整策略，鞏固市場地位。相反地，如果忽視或低估市場反應的速度，可能在短短幾個月內失去領先優勢。

科技對消費行為的塑造

　　科技不僅是觀察消費者行為的工具，更是塑造行為的力量。演算法推薦、動態定價與個人化廣告，都是透過科技主動影響消費者決策的手段。透過大數據分析與人工智慧，企業可以針對不同族群量身打造訊息內容與促銷方案，讓消費者覺得自己正好遇到需要的產品，從而提升轉換率。

　　然而，這種高精度的行銷方式，也帶來了倫理與隱私的爭議。當消費者的行為模式被全面追蹤與分析，他們的自主選擇空間可能在無形中縮小。這種情況下，消費者以為自己做了自由的選擇，但實際上已被演算法推動至預先設計好的路徑上。

情境與文化的影響

　　消費者行為並非單一變數決定，而是深受情境與文化的影響。同一產品在不同國家、不同社會階層，甚至不同季節，可能呈現截然不同的

市場反應。例如：在重視節慶與人情往來的文化中，禮品包裝與節慶促銷可能比產品本身更能驅動銷售；而在環保意識高漲的社會，消費者可能更願意選擇可持續生產的商品，即便價格略高。

文化差異還影響著廣告與品牌溝通的策略。在某些文化中，強調個人獨立與自我實現的訊息更容易引起共鳴；在另一些文化中，則是家庭價值與社群認同更具說服力。了解這些差異，才能讓市場行動更具精準性與效率。

從觀察到引導的轉變

在過去，企業多半專注於觀察與分析消費者行為，以便跟隨市場趨勢。然而，隨著科技與行銷策略的進化，企業不再只是被動觀察，而是積極引導消費者的行為。透過故事化的品牌行銷、沉浸式的購物體驗與互動平臺，企業能夠在消費者尚未意識到需求之前，就種下購買的種子。

這種從觀察到引導的轉變，使市場競爭不僅是產品之間的較量，更是誰能更有效影響消費者心理與行為的比拼。最終，市場反應將不再只是消費者的選擇反映，而是企業策略與消費心理互動的結果。

理解行為，掌握市場脈動

消費者行為與市場反應是一體兩面，理解前者才能預測後者。對企業而言，掌握消費心理與行為模式，不僅能在競爭中占據優勢，還能主動塑造市場走向；對政策制定者而言，消費趨勢則是經濟健康與社會情緒的指標，能為宏觀策略提供參考。未來的市場，不再只是產品與價格的戰場，而是人心與行為的戰場。

8-7 政策宣傳與認知偏差

政策宣傳的雙重角色

政策宣傳在現代社會中扮演雙重角色：一方面，它是政府傳遞政策意圖、凝聚社會共識的重要工具；另一方面，它也可能成為引導甚至操控公眾認知的手段。當政策訊息經過精心包裝並透過多種媒體管道傳播時，它不僅僅是在告訴民眾「政策是什麼」，更是在引導人們「如何看待這項政策」。

這種雙重角色意味著政策宣傳既能促進社會穩定，也可能在特定情況下加劇分化。關鍵不在於政策本身，而在於資訊傳遞的方式、選擇性呈現的內容，以及民眾接收資訊後所形成的認知模式。

認知偏差與政策理解

人類在接收政策資訊時，很難做到完全客觀與理性，因為每個人都帶著既有的經驗、信念與價值觀去解讀訊息。這使得認知偏差在政策理解過程中無可避免。

例如：損失厭惡會讓民眾更在意政策可能帶來的負面影響，而忽略長期的潛在好處；確認偏差則使人傾向於尋找支持自己原有立場的資訊，即使該資訊未必全面或正確。還有可得性偏差，會讓人根據近期聽到的例子或新聞事件來判斷政策的有效性，導致對風險與效益的評估失真。

這些偏差並非個別現象，而是族群性特徵。當大規模的人口在相似的偏差下解讀政策，輿論的方向就可能出現偏斜，進而影響政策的執行效果。

第 8 章　科技、資料與心理戰

媒體在政策宣傳中的影響力

媒體是政策宣傳最重要的中介，它能夠決定訊息的呈現角度與重點。透過選擇性報導、框架設定與語言風格，媒體可以放大或淡化政策的某些面向。例如：一項環保政策若以「保護下一代生存環境」作為主要敘事，會激發正向的情感共鳴；若改以「限制企業排放」為主題，則可能引發企業界的防衛反應。

在社群媒體的時代，這種影響力更加即時且廣泛。政策訊息不再單向傳播，而是在社群中被不斷轉發、評論與再創造，形成多層次的訊息版本。這既能增加政策的觸及率，也可能導致訊息失真，甚至被惡意扭曲。

政策宣傳與心理暗示

有效的政策宣傳往往結合心理暗示技巧，引導民眾在潛意識層面形成特定的態度。例如：使用正向語言可以降低抗拒感，讓人更容易接受政策；在訊息中融入具體數據與視覺化圖表，則能增加可信度與專業感。

此外，政策宣傳也常利用社會規範效應來塑造行為。當媒體反覆報導「大多數人都支持某項政策」時，即便這只是選擇性呈現，也可能讓更多人傾向順從這個「主流立場」。這種心理暗示不僅影響個人態度，也會在族群中產生擴散效應。

認知偏差的利用與風險

雖然認知偏差可能導致對政策的誤解，但它同時也是政策溝通中可以被利用的工具。例如：若知道大多數人對損失特別敏感，政策制定者便可能在宣傳中強調「不採取行動的損失」而非「採取行動的好處」。

然而，過度利用認知偏差的風險在於，一旦公眾察覺資訊帶有操控意圖，政策信任度將大幅下降。這不僅削弱當前政策的推行效果，還可能對未來的政策溝通造成長期傷害。因此，平衡有效傳達與維護信任，是政策宣傳中最棘手的挑戰。

防範訊息失真與誤導

要降低政策宣傳中的認知偏差影響，首先需要提高資訊的透明度與完整性。這意味著除了強調政策的好處，也要誠實面對其可能帶來的短期不便或成本，並提供清晰的配套措施說明。

同時，政府與媒體應建立快速反應機制，針對社群平臺上的錯誤資訊與惡意謠言及時澄清。對於高度爭議的政策，更應透過公開辯論與多方意見交流，減少單向傳播的偏見風險。教育民眾具備媒體識讀能力與批判性思維，也是長期的防護手段。

未來政策宣傳的挑戰

未來的政策宣傳將面臨更複雜的資訊環境。一方面，資料分析與人工智慧能讓政策資訊更精準地針對不同族群進行投放，提高溝通效率；另一方面，這也增加了過度針對性與隱性操控的風險，可能引發更大的隱私與倫理爭議。

此外，隨著社會多元化與價值觀差異擴大，單一敘事很難涵蓋所有受眾的需求與觀點。未來的政策宣傳需要更靈活與多元化的策略，能夠針對不同族群設計差異化的資訊，同時確保核心資訊一致與可信。

■ 第8章　科技、資料與心理戰

策略與誠信的平衡

　　政策宣傳與認知偏差的交互作用，是一把雙面刃。有效利用心理機制能提高政策接受度，但過度操控則可能損害信任。對政府而言，真正的挑戰在於如何在策略與誠信之間取得平衡；對民眾而言，則在於如何在資訊洪流中保持獨立判斷力。未來的政策溝通，不僅需要專業的行銷技巧，更需要長期累積的公信力。

8-8 科技與經濟安全的結合

科技與經濟的雙向依存

在當代全球競爭中,科技與經濟早已不再是兩條平行線,而是互相交織、彼此依存的雙螺旋結構。科技創新是經濟成長的引擎,而穩定的經濟則為科技研發提供資源與市場。任何一方的薄弱,最終都會拖累另一方的發展。

例如:半導體製造、人工智慧、再生能源等高科技產業,不僅需要巨額資金與持續投資,還依賴全球化的供應鏈與市場體系;反之,沒有科技驅動的產業升級,經濟很容易陷入低附加價值與低成長的惡性循環。這種雙向依存意味著,一旦科技受到封鎖或經濟遭遇衝擊,整個國家競爭力都會迅速下滑。

經濟安全的科技維度

經濟安全不僅是金融體系穩定與資源供應充足,還包括科技產業的自主性與韌性。一個國家如果在關鍵技術上過度依賴他國,就容易在地緣政治衝突中陷入被動。例如:能源轉型需要的稀土材料、電池技術與電網管理系統,若全數依賴進口,一旦供應中斷,就可能引發能源危機並波及整體經濟。

因此,經濟安全戰略必須納入科技視角,確保在關鍵領域具備自主研發與替代供應的能力。這種策略不只是防禦性措施,更能在國際競爭中形成長期優勢。

第 8 章　科技、資料與心理戰

科技安全的經濟支撐

同樣地，科技安全也離不開經濟的支撐。高端研發需要龐大的資金投入、成熟的產業鏈配套與穩定的市場需求。如果經濟不穩，政府與企業將難以維持長期的研發計畫，導致技術領先優勢逐漸流失。

此外，科技產品從研發到商業化需要跨越多個階段，包括原型設計、測試、量產與市場推廣。每一個環節都需要資金、人才與市場的支持，而這些都依賴健康且多元化的經濟基礎。沒有經濟支撐，即使擁有頂尖科學家與突破性技術，也可能淪為紙上談兵。

地緣政治下的科技 —— 經濟安全聯動

在地緣政治競爭加劇的背景下，科技與經濟安全的結合變得更加緊密。主要國家紛紛將科技發展納入國家安全戰略，將半導體、AI、能源科技等視為「經濟安全支柱」。同時，經濟政策也開始考量科技依賴度，推動本地製造、供應鏈多元化與技術自主化。

例如：許多國家建立了「關鍵技術清單」，對涉及國防、能源、通訊與基礎設施的技術實施出口管制與外資審查。這種措施不僅保護本國科技不被外流，也防止經濟命脈受到外部操控。

企業在科技 —— 經濟安全結構中的角色

企業是科技與經濟安全的核心執行者。它們在研發投入、供應鏈管理與市場布局上所做的決策，直接影響國家的科技韌性與經濟穩定。

一些領先企業已經意識到，在全球市場競爭中，單純追求成本最低與效率最大化已不再是唯一目標。供應鏈韌性、關鍵技術自主與地緣政

治風險管理,已經成為企業長期策略的一部分。這意味著,企業必須同時考慮短期盈利與長期安全,在市場機會與戰略防禦之間取得平衡。

科技 —— 經濟安全結合的實現途徑

要實現科技與經濟安全的深度結合,可以從以下幾個方向著手:

第一,建立長期的科技投資機制,確保關鍵領域的研發不受短期經濟波動影響。

第二,推動產業鏈在地化與多元化,減少對單一供應來源的依賴。

第三,加強公私合作,將企業創新與國家戰略目標對接,形成資源共享與風險分擔的機制。

第四,建立國際合作網絡,在確保核心技術安全的前提下,參與全球標準制定與市場分工,避免被孤立在國際體系之外。

未來挑戰與機遇

未來十年,科技與經濟安全的結合將面臨更多挑戰,包括國際政治不確定性、技術快速更迭、資源競爭加劇以及氣候變遷壓力。然而,這些挑戰同時也是機遇。

能夠在動盪環境中保持科技創新活力、確保經濟韌性的國家與企業,將在全球新秩序中占據主導地位。相反地,若科技與經濟安全脫節,將在國際競爭中迅速失去優勢。

雙螺旋的國力引擎

科技與經濟安全的結合,就像一個國家的雙螺旋引擎,任何一方的失速都會拖慢整體運轉速度。對國家而言,這意味著必須在科技自主與

經濟韌性之間建立長期的平衡;對企業而言,則是要在追求市場機會的同時,確保自身在關鍵技術與供應鏈上的安全。未來的競爭,不僅是產品與價格的較量,更是科技實力與經濟穩定性的全面對決。

第 9 章
國際秩序與規則重塑

第 9 章　國際秩序與規則重塑

9-1 WTO 與多邊機制的挑戰

WTO 的初衷與現實落差

世界貿易組織（WTO）的成立初衷，是透過一套多邊協定與爭端解決機制，促進國際貿易自由化、穩定性與可預測性。它的設計理念在於，所有會員國無論大小，都必須遵守同一套規則，以確保貿易行為公平透明。然而，理想與現實之間往往存在落差。隨著全球經濟格局的變化，新興經濟體的崛起與地緣政治的複雜化，使得 WTO 的運作面臨前所未有的挑戰。

在 1995 年正式成立的初期，WTO 被視為全球化的象徵與推手。然而，二十多年過去，它的多邊機制在一些核心領域出現了停滯甚至倒退，特別是在農業補貼、服務貿易、電子商務規範與爭端解決制度上，進展緩慢。這不僅反映出會員國之間利益分歧加大，也揭示了多邊機制在面對新型經濟議題時的制度局限。

多邊談判的困境

WTO 的多邊談判機制基於「共識決」原則，理論上能確保所有會員國的權益，但在實務中卻導致談判效率低下。任何一個國家都能阻止議題的推進，使得改革或新規範的制定難以快速落地。杜哈回合談判自 2001 年啟動以來，因農業補貼、工業品關稅與服務市場開放等問題長期僵持，至今未能達成全面協議，成為 WTO 面臨的典型案例。

這種談判困境在全球經濟環境快速變化的背景下尤為明顯。新興科技、數位經濟、環境保護與勞動標準等議題，都需要及時制定規則，但多邊機制的遲緩反應，使得部分國家選擇繞過 WTO，透過雙邊或區域協定另行制定規範，進一步削弱了 WTO 的中心地位。

9-1 WTO 與多邊機制的挑戰

爭端解決機制的癱瘓

WTO 的爭端解決機制曾被視為其核心優勢之一，能夠透過法律程序裁決貿易爭端，防止衝突升級。然而，自 2019 年起，因部分大國阻擋上訴機構成員任命，導致該機構無法正常運作，WTO 的司法功能幾乎陷入停擺。這使得一些國家在面對貿易糾紛時，不再信任多邊機制，而是直接採取單邊制裁或報復措施，增加了全球貿易的不確定性。

這種情況削弱了 WTO 的權威性，也使得貿易規則的執行出現真空。沒有有效的爭端解決，貿易糾紛更容易演變為政治對抗，破壞多邊秩序的穩定性。

新興議題的制度缺口

當前的 WTO 規則主要針對傳統貿易問題，例如貨物關稅與服務市場開放，對數位經濟、跨境資料流動、氣候變遷與綠色貿易等新興議題的規範不足。隨著電子商務與雲端服務的蓬勃發展，跨境交易的型態已經遠超出 1990 年代的想像，但 WTO 在這些領域缺乏明確規則，導致各國自行制定標準，形成制度碎片化。

此外，全球供應鏈的安全議題、關鍵技術出口管制與地緣政治衝突，也對多邊貿易規則提出了新的挑戰。當多邊體系無法及時回應這些變化時，國際貿易秩序就容易出現「規則真空」，被特定國家或企業的單邊行為填補。

多邊主義與單邊主義的拉鋸

WTO 面臨的另一大挑戰，是多邊主義與單邊主義之間的衝突。在全球化順利推進的時期，多邊機制具有強大吸引力，因為它能降低交易成

第 9 章　國際秩序與規則重塑

本並提供穩定預期。然而，在經濟下行壓力與國內政治壓力的影響下，一些國家傾向於採取單邊貿易保護措施，透過關稅壁壘、進口限制與產業補貼維護本國利益。

這種單邊行為短期內可能帶來政治紅利，但長期而言會侵蝕多邊機制的信任基礎，導致貿易規則失去普遍適用性。當越來越多國家選擇各走各路，國際貿易秩序將進一步碎片化。

改革的必要性與阻力

改革 WTO 已成為國際社會的共識，但具體方向與步驟仍存在巨大分歧。一方面，必須恢復上訴機構的運作，重建爭端解決機制的有效性；另一方面，需要更新規則以涵蓋數位貿易、環境保護與產業補貼等新興議題。

然而，改革的阻力來自於各國在利益分配上的分歧。已開發國家希望強化智慧財產權保護與服務業開放，而新興經濟體則要求更多的發展空間與政策彈性。在缺乏共同妥協意願的情況下，改革進程勢必艱難。

未來的可能路徑

未來，WTO 與多邊機制的重塑可能走向幾種路徑：

第一，透過「漸進式改革」逐步恢復核心功能，先解決最迫切的爭端解決癱瘓問題；

第二，容許「多速制」談判模式，讓願意推進新規則的國家先行試點，其他國家可在準備好後加入；

第三，加強與其他國際組織的合作，例如國際貨幣基金、世界銀行與國際電信聯盟，形成跨領域的規則協調機制。

多邊秩序的再平衡

　　WTO 與多邊機制的挑戰，反映出全球治理在多元利益與快速變化之間的矛盾。要維持一個可預測且公平的國際貿易環境，多邊主義仍不可或缺。但未來的多邊機制，必須更具包容性與適應力，才能在地緣政治競爭與新興經濟議題中找到平衡點。對國家而言，參與並推動這場改革，不僅是經濟利益的選擇，更是國際戰略的必要布局。

第 9 章　國際秩序與規則重塑

9-2 區域貿易協定的崛起

多邊體系停滯下的替代方案

在 WTO 的多邊談判陷入僵局、全球化面臨逆風的情況下,越來越多國家選擇透過區域貿易協定(Regional Trade Agreements, RTA)來推動市場開放與經濟合作。這些協定往往由志同道合的國家組成,能繞過多邊機制的冗長程序,直接針對關稅、投資、服務貿易與技術標準等議題達成共識。

相較於全球多邊機制,區域協定具有更高的靈活性與談判效率。參與國規模相對較小,利益分歧較易協調,協定內容也能針對區域特性量身訂做。這使得區域貿易協定在近二十年迅速擴張,從區域型走向跨洲型,形成全球經濟的重要支柱之一。

區域協定的多元形態

區域貿易協定的型態多樣,從傳統的自由貿易協定(FTA)、關稅同盟(CU),到涵蓋投資、智慧財產權、環境標準與數位經濟的「新世代協定」。

例如:跨太平洋夥伴全面進步協定(CPTPP)不僅取消大部分關稅,還涉及勞工權益、環境保護與國有企業競爭規則;而區域全面經濟夥伴協定(RCEP)則強調降低貿易壁壘、簡化海關程序,並在原產地規則上進行統一,降低跨境供應鏈成本。

這些協定的多元化,反映了國際貿易已不再局限於傳統商品交換,而是涵蓋服務、資料、投資與可持續發展等更廣泛的領域。

經濟整合的戰略意涵

區域貿易協定不僅是經濟工具,更是地緣政治的延伸。當幾個國家透過經濟整合建立緊密的貿易與投資連繫,就會形成某種程度的戰略依存。這種依存既能促進合作,也能成為談判籌碼。

對中小型經濟體而言,加入大型區域協定能擴大出口市場、吸引外資,並提升在國際談判中的影響力;對大國而言,主導區域協定則能塑造經濟規則,進一步鞏固其在區域的主導地位。這種經濟與政治的雙重效應,使得區域協定成為當代國際關係中不可忽視的力量。

對多邊機制的衝擊與補充

區域貿易協定的興起,在一定程度上削弱了 WTO 的核心地位。當國家將更多精力放在區域層級的談判時,多邊體系的推進動能自然下降。此外,不同區域協定之間的規則差異,也可能造成「制度拼圖」的問題,增加跨國企業的合規成本。

然而,區域協定並非完全取代多邊機制。在某些情況下,它們反而能成為多邊談判的試驗場。區域內成功的規範與制度,可能在未來被納入更廣泛的多邊協定中,成為全球規則的一部分。因此,區域與多邊之間的關係,並非單純的競爭,也存在互補性。

數位經濟與新興領域的推進力量

近年來,許多區域協定開始將數位經濟作為核心議題,包括跨境資料流動、電子商務稅制、數位支付與網路安全等。這些新興領域的規範往往比 WTO 的現有規則更為先進與詳細。

例如:《數位經濟夥伴關係協定》(DEPA)專注於數位貿易的規則制定,

第 9 章　國際秩序與規則重塑

涵蓋資料流通、數位身分認證、線上消費者保護等內容。這類協定不僅能促進新產業的發展，也能提升參與國在全球數位經濟中的競爭力。

中小型經濟體的機會與挑戰

對中小型經濟體來說，加入區域貿易協定既是機會也是挑戰。機會在於透過降低貿易壁壘與統一規則，能以較低成本進入更大市場；挑戰則來自於必須符合高標準的貿易與投資規範，可能對本地產業與政策自主造成壓力。

因此，中小型經濟體需要在加入協定前進行充分的產業與政策評估，並制定配套措施，確保在享受市場開放利益的同時，不會過度犧牲本地經濟的韌性。

未來的發展趨勢

未來十年，區域貿易協定將可能呈現以下趨勢：

第一，跨區域協定將越來越多，例如連結亞洲與拉丁美洲市場的跨洲型協定；

第二，環境與永續發展條款將成為標準配置，推動綠色供應鏈與碳中和目標；

第三，數位貿易與新興科技規範將被全面納入，涵蓋 AI、雲端運算與智慧財產保護等領域。

區域整合的新常態

區域貿易協定的崛起，既是全球多邊體系停滯的結果，也是全球經濟多元化發展的必然趨勢。它們不僅改變了貿易規則的制定方式，也重塑了國際經濟與政治的互動格局。對國家而言，能否在區域整合的浪潮中找到適合自己的定位，將決定未來在全球經濟秩序中的角色與影響力。

9-3 關稅政策的法律爭議

關稅政策的雙重屬性

關稅政策在國際貿易中具有雙重屬性：一方面，它是國家調整貿易結構、保護本地產業的重要工具；另一方面，它也必須遵守國際貿易規則與法律約束，避免引發貿易衝突。關稅的設定與調整，本質上是一種政治與經濟利益的平衡遊戲。

在理論上，WTO 及多邊貿易協定規定了成員國之間關稅減讓與上限，並禁止任意提高稅率。然而，在現實操作中，各國往往會利用關稅政策作為談判籌碼，甚至透過法律灰色地帶進行戰略性調整，這也是法律爭議的根源。

最惠國待遇與關稅爭議

WTO 的最惠國待遇原則要求，成員國必須對所有會員提供相同的關稅待遇，不得對特定國家給予額外優惠或歧視。然而，在自由貿易協定與區域經濟聯盟盛行的情況下，許多國家實際上對特定夥伴國實行零關稅，卻對非成員維持較高稅率。

雖然這些安排在 WTO 規則中被特別例外允許（區域協定條款），但它們在本質上削弱了最惠國待遇的普遍適用性，並引發其他未被納入協定國家的不滿。當關稅優惠被用來排他性地鞏固經濟同盟，就可能演變成國際法律爭議。

反傾銷與保障措施的法律挑戰

除了傳統的進出口關稅，反傾銷稅與保障措施也是爭議焦點。反傾銷稅原本設計是為了防止外國企業以低於成本的價格傾銷產品、損害本地產業，但在實務上，它常被用作保護主義的工具。

例如：一些國家在調查傾銷行為時，採用對出口國不利的計算方法，或設定過於嚴苛的損害認定標準，使反傾銷稅名義上是公平貿易措施，實際上卻成了關稅壁壘。這種做法往往遭到被制裁國的申訴，並引發 WTO 爭端解決程序。

國家安全例外與濫用風險

在 WTO 規則中，國家安全例外條款允許成員在涉及國防、國家安全的情況下採取特殊貿易措施，包括提高關稅。然而，這項例外的界定相對模糊，使得部分國家將經濟或產業保護包裝為國家安全問題，從而規避多邊規則的約束。

這種做法在法律上存在爭議：一方面，國家有權判斷自身安全需求；另一方面，過度濫用國安例外會破壞貿易規則的公信力，導致其他國家跟進採取類似措施，最終引發關稅戰與制度性風險。

爭端解決機制的困境

當關稅政策引發國際爭議時，理論上應透過 WTO 的爭端解決機制進行裁決。然而，由於上訴機構的癱瘓與多邊談判的低效率，許多爭端遲遲無法獲得最終判決。這促使部分國家改採單邊報復措施，形成「以關稅對關稅」的惡性循環。

更複雜的是，即使爭端解決機制恢復正常，法律上的勝訴也不一定

能換來實際的政策調整,因為執行層面缺乏強制力。這讓一些國家認為,透過法律途徑解決關稅爭端的成本高、效果不確定,從而降低了對多邊體系的信任。

談判桌上的關稅籌碼

在商務談判中,關稅政策經常被作為談判籌碼使用。國家可能在雙邊或多邊談判中,以降低關稅作為交換條件,換取對方在其他議題上的讓步,例如投資開放、技術合作或安全協議。

這種策略性運用雖然是國際談判的常態,但在過程中容易產生法律爭議——特別是當協議內容與既有的多邊承諾衝突時,就可能引發第三方國家的抗議或訴訟。

未來的關稅法律框架

未來十年,關稅政策的法律爭議可能圍繞以下幾個方向:

第一,如何在維護國家政策自主與遵守多邊規則之間取得平衡;

第二,如何界定國家安全例外的適用範圍,防止其被濫用;

第三,如何在數位經濟、碳邊境調整等新興領域建立適用的關稅規則。

隨著氣候政策與永續發展成為國際經貿的重要議題,未來的關稅爭議很可能不再局限於傳統商品,而是延伸到環保標準與碳排放相關的調整費用。

第 9 章　國際秩序與規則重塑

法律與利益的微妙平衡

關稅政策的法律爭議，實質上是國家利益與國際規則之間的微妙平衡。當前的多邊體系需要在保障公平競爭與容許政策彈性之間找到新的契合點，否則，關稅將繼續被當作政治與經濟的武器使用。對國家而言，精準運用關稅政策固然重要，但更關鍵的是確保自身行為不會破壞國際貿易秩序的長期穩定。

9-4 制裁與反制裁機制

制裁的戰略定位

在國際政治與經濟關係中,制裁是一種不動用武力卻能對對手施加壓力的手段。它透過限制貿易、金融交易、技術交流與資本流動,達到削弱對方經濟實力、改變政策行為的目的。制裁的本質是一種權力投射,其影響力來自於制裁方在全球經濟體系中的地位與掌控資源的能力。

制裁的範圍可以很廣,從全面封鎖到針對特定個人、企業或產業的精準打擊。現代制裁的趨勢是「精準化」與「金融化」,目的是降低對全球市場與無辜民眾的附帶損害,同時最大化對目標對象的衝擊力。

制裁的主要形式

制裁的形式大致可分為幾類:

第一,貿易制裁,透過禁止出口或進口特定商品、提高關稅、限制物流運輸來削弱對方產業鏈。

第二,金融制裁,包括凍結資產、限制銀行交易、切斷國際結算系統(如 SWIFT)的使用權。

第三,技術制裁,限制關鍵技術與專業人才的輸出,阻止目標國在高科技領域的進展。

第四,個人制裁,針對特定政治人物、企業高層與影響力人士實施簽證限制與財產凍結。

這些制裁可以單獨實施,也可以組合使用,以形成更全面的壓力網。

第 9 章　國際秩序與規則重塑

金融戰與制裁的結合

在全球化的金融體系中，金融制裁往往比傳統的貿易封鎖更具威力。掌握主要國際結算貨幣與金融基礎設施的國家，能夠在不直接干預貨物流動的情況下，癱瘓目標國的支付系統與資金鏈。

例如：切斷某國主要銀行與 SWIFT 系統的連結，會使其國際貿易與投資交易陷入癱瘓，即便對方仍有商品與資源可出口，也無法順利收取貨款或進行結算。這種金融制裁的影響往往是即時且深遠的，能迅速削弱對方經濟運作能力。

反制裁的策略與手段

面對制裁，受制裁國往往會採取反制措施，目的是減輕經濟損害、維持基本運作並對制裁方施加反壓力。反制裁的手段包括：

第一，尋找替代市場與供應來源，透過第三國貿易繞過制裁限制。

第二，建立自主支付與結算系統，減少對制裁方金融基礎設施的依賴。

第三，發展本地替代產業與技術，降低對外部技術與零件的需求。

第四，對制裁方實施對等或不對等的反制，例如禁止出口關鍵資源或提高對方企業的市場准入門檻。

雖然反制措施未必能完全抵消制裁效果，但可以在一定程度上延緩衝擊並爭取談判空間。

制裁與反制裁的副作用

制裁與反制裁不僅影響雙方的經濟，也會對全球市場產生外溢效應。供應鏈中斷、能源與糧食價格波動、金融市場動盪，都可能牽連無

辜國家與企業。

此外，長期的制裁往往促使受制裁國尋求制度替代方案，例如建立與現有國際體系平行的貿易與金融網絡，這可能加速全球經濟的分裂化。當多個相互隔離的經濟圈出現時，跨國企業與投資者的成本與風險將大幅增加。

法律與多邊規則的挑戰

在法律層面，制裁與反制裁的正當性常引發爭議。依據國際法，制裁若經由聯合國安理會批准，通常具有較高的合法性；但單邊制裁則常被質疑違反多邊貿易與主權平等原則。

反制裁措施則更容易陷入法律灰色地帶，特別是當它們涉及對外資產凍結、限制外國企業經營等行為時，可能與國際投資協定發生衝突。這使得制裁與反制裁之間，不僅是經濟與政治的對抗，也是法律與規則的較量。

未來制裁格局的演變

未來十年，制裁與反制裁的格局可能呈現幾個趨勢：

第一，制裁將更加數位化與科技化，針對網路基礎設施、資料流通與人工智慧應用的限制將成為新焦點。

第二，制裁與供應鏈重組將同步進行，制裁方會在制裁前先調整自身供應鏈，確保不因制裁而損害本國產業。

第三，反制裁國將加快建立平行金融與貿易體系，降低對制裁方體系的依賴，這可能導致全球經濟更加分裂。

第 9 章　國際秩序與規則重塑

經濟戰的拉鋸前線

　　制裁與反制裁是當代國際關係中最直接的經濟戰手段,它們在短期內能產生顯著壓力,但長期效果取決於雙方的經濟韌性與制度調整能力。對制裁方而言,如何設計精準、低附帶損害的措施,是確保策略有效的關鍵;對反制裁方而言,建立自主經濟與技術能力,則是減輕衝擊、維持談判籌碼的核心。未來的經濟戰場,將不再只是關於資源與市場,更是制度與規則的對抗。

9-5 貿易爭端案例解析

貿易爭端的多樣性與複雜性

國際貿易爭端的發生，往往不只是單一商品的價格或關稅問題，而是牽涉產業政策、國際規則、政治利益與地緣戰略的綜合作用。隨著全球供應鏈高度整合，一個看似地方性的商業爭端，可能迅速演變成跨國甚至跨洲的經濟衝突。

在這些爭端中，涉及的主體可能是國家與國家，也可能是企業與政府之間的衝突。有些爭端透過談判快速解決，但也有些演變成長期的法律戰與經濟對抗，對雙方甚至全球市場造成持續衝擊。

案例一：高科技產品的市場准入爭議

近年來，高科技產品成為貿易爭端的焦點。某國政府以國家安全為由，限制另一國的電信設備進入本地市場，並禁止本地企業使用相關產品。被限制的一方指控此舉是以安全為藉口的貿易保護行為，違反了公平競爭與市場開放原則。

這類爭端通常會引發連鎖效應：被制裁方可能對制裁國的關鍵零組件或技術出口進行限制，造成雙方企業的供應鏈中斷。更重要的是，這種以安全名義發起的市場准入限制，很容易擴散到其他產業，造成貿易規則的灰色地帶擴大。

案例二：農產品補貼與國際競爭

農業補貼是另一個長期存在的爭端來源。一些發達國家長期向本國農民提供高額補貼，使其農產品在國際市場上具有不公平的價格優勢。

第 9 章　國際秩序與規則重塑

受影響的出口國認為，這種做法扭曲了市場價格，損害了其農業出口利益，並違反了多邊貿易協定的規範。

雖然 WTO 在農業協定中明確規範補貼上限，但由於計算方式與監管機制的複雜性，實際執行往往存在爭議。部分國家會透過分類調整、間接補貼等方式規避限制，使農產品補貼爭端成為難以根治的問題。

案例三：跨境電商與稅收爭議

跨境電商的興起，為國際貿易注入了新活力，但同時也帶來稅收與監管爭議。某些國家指控大型跨境電商平臺利用低價直郵、免稅門檻與轉運倉儲等方式，避開本地的關稅與增值稅規定，對本地零售業造成衝擊。

這類爭端的核心，不僅是稅收流失問題，還包括監管公平性與市場競爭秩序。傳統零售商與跨境電商的稅負不對等，導致市場競爭環境失衡。由於跨境電商的運作高度數位化且供應鏈分散在多國，傳統的貿易監管框架難以全面覆蓋，這也讓爭端解決更加困難。

法律與爭端解決的挑戰

在理論上，國際貿易爭端應透過 WTO 的爭端解決機制處理，然而現實中存在幾個挑戰。首先，程序冗長且需要大量法律與經濟專業支援，中小型經濟體在資源上處於劣勢。其次，上訴機構的運作問題，使得部分裁決無法最終落實。最後，部分爭端涉及多個國際規則與不同組織的管轄權，增加了法律複雜性。

因此，越來越多國家選擇透過雙邊談判或區域協定框架處理爭端，以加快解決速度並降低不確定性。

企業在貿易爭端中的角色

雖然貿易爭端常由政府主導，但企業往往是直接的利益相關者與影響者。在某些情況下，跨國企業會透過遊說、媒體戰與產業聯盟施加壓力，推動政府採取有利於自身的談判立場。

同時，企業也可能成為政府政策的間接受害者。例如：在制裁與反制裁的環境下，供應鏈可能被迫重組，企業需承擔額外的成本與風險。這使得大型跨國公司開始建立法律與國際政策分析團隊，提前應對可能的貿易衝突。

未來爭端的新領域

未來十年，國際貿易爭端可能更多集中在以下領域：

第一，數位經濟，包括跨境資料流動、雲端服務市場准入與數位稅制；

第二，綠色貿易，特別是碳邊境調整稅與環境標準的適用；

第三，高科技與智慧財產權保護，尤其是在人工智慧與生物科技領域。

這些新興爭端將更具技術性與專業性，要求各國在法律框架與談判策略上不斷更新。

爭端中的博弈與調適

貿易爭端是全球經濟體系中無法完全避免的現象，它既反映了國際貿易的不平衡，也顯示了現有規則的不足。對國家而言，如何在爭端中維護利益而不破壞長期合作關係，是最大的挑戰；對企業而言，如何在不確定的貿易環境下保持靈活調適能力，則是生存與成長的關鍵。未來的國際貿易秩序，不僅需要規則，更需要靈活的談判與協調機制，才能在衝突與合作之間找到平衡。

9-6 全球治理與經濟安全

全球治理的核心內涵

全球治理是一套跨越國界的協調機制,旨在面對那些單一國家無法獨自解決的問題,例如氣候變遷、金融穩定、跨國犯罪、疫情防控與數位安全。它的核心在於建立共通規則與合作平臺,讓各國在互相牽制與協作之間找到平衡。

然而,全球治理並不是一個固定結構,而是一個動態網絡,由國際組織、多邊機制、區域合作體系以及跨國企業共同參與。這種多層次的結構意味著,全球治理不僅是政府間的互動,也包含商業力量與非政府組織的影響力。

經濟安全的多面向

經濟安全並不只是避免經濟衰退那麼單純,它涉及確保關鍵資源、技術、產業鏈與金融體系的穩定。對一個國家而言,經濟安全等同於維持社會運作與國家韌性的基礎;對全球而言,經濟安全意味著防止區域性危機擴散成全球性衝擊。

近年來,能源供應中斷、糧食價格波動、半導體供應短缺,都顯示經濟安全已成為國際政治賽局的核心議題之一。這些挑戰突顯了全球治理與經濟安全之間的緊密連結 —— 沒有穩定的國際協調機制,任何國家的經濟安全都可能因外部衝擊而動搖。

全球治理與經濟安全的互動機制

　　全球治理能夠透過多邊協議、國際規範與危機應對機制來增強經濟安全。例如：國際貨幣基金組織（IMF）與世界銀行在金融危機時提供資金援助，避免國家破產與市場恐慌；世界貿易組織（WTO）則透過爭端解決機制防止貿易戰失控。

　　另一方面，經濟安全也是全球治理的支撐力量。當主要經濟體穩定且願意合作時，全球治理才能發揮作用；反之，如果主要國家陷入經濟衰退或對抗，全球治理的合作精神就會被取代為零和思維。

挑戰一：地緣政治對立

　　當前全球治理面臨的最大挑戰之一，是地緣政治對立加劇。主要經濟體之間的互信下降，使得多邊合作陷入困境。例如：氣候協定的推進常常因各國在能源政策上的利益衝突而受阻；國際貿易規則的更新也因大國間的戰略競爭而停滯。

　　這種對立直接影響經濟安全，因為全球供應鏈高度跨國整合，一旦主要節點因政治衝突而被切斷，連鎖反應將波及各行各業。

挑戰二：全球供應鏈脆弱性

　　疫情與地緣衝突展現了全球供應鏈的脆弱性，特別是在關鍵原材料、能源與高科技零組件的依賴上。對某些國家而言，一旦進口中斷，就可能導致整個產業停擺。

　　全球治理在這方面的角色，是建立協調平臺，促進資訊透明與供應多元化，減少單一依賴風險。例如：推動國際合作開發替代能源、建立糧食儲備機制、促進技術共享，都是提升全球經濟安全的重要策略。

■第9章　國際秩序與規則重塑

挑戰三：規則碎片化

　　隨著區域貿易協定與雙邊合作的擴張，全球經濟規則呈現碎片化的趨勢。不同協定之間的標準不一，不僅增加跨國企業的合規成本，也使全球治理更難形成統一規範。

　　這種規則碎片化在數位經濟與綠色貿易領域尤其明顯。各國對跨境資料流、碳排放標準的規範差異，讓全球治理在協調上面臨巨大壓力，間接影響經濟安全的可預測性。

機會一：科技驅動的治理創新

　　儘管挑戰重重，科技發展為全球治理與經濟安全提供了新工具。大數據與人工智慧能提高風險監測與預警的準確性，區塊鏈技術能提升貿易與金融交易的透明度與防偽能力，雲端平臺能加速跨國協作與資源共享。

　　這些科技手段不僅能增強全球治理的效率，也能在危機爆發前提供早期預警，幫助各國採取預防措施，降低對經濟安全的威脅。

機會二：多層次合作架構

　　未來的全球治理不必拘泥於單一的多邊體系，而是可以透過多層次合作架構來提升靈活性。區域組織、產業聯盟與專案型國際合作都能在特定領域發揮作用。

　　例如：能源安全可以透過跨區域電網合作來分散風險；糧食安全可以透過區域儲備系統與緊急調配機制來確保供應；數位安全則可由多國共同制定標準與檢測機制，避免網路攻擊跨境蔓延。

未來的治理願景

理想的全球治理與經濟安全結構,應該具備三大特徵:

第一,包容性,確保不同發展階段與規模的國家都能參與並受益;

第二,適應性,能夠根據科技與市場變化快速調整規則與機制;

第三,韌性,能夠在面對重大衝擊時維持基本運作並快速恢復。

這需要各國在競爭中保持最低限度的合作意願,並承諾在關鍵領域避免使用經濟安全作為政治對抗的武器。

合作與安全的平衡

全球治理與經濟安全之間的關係,是互相依存又彼此牽制的。沒有有效的全球治理,經濟安全難以長久維持;沒有穩定的經濟安全,全球治理也缺乏實質基礎。未來的國際秩序,將取決於各國能否在競爭與合作之間找到新的平衡點,確保在面對不確定性時,全球經濟仍能保持運轉並持續成長。

第 9 章　國際秩序與規則重塑

9-7 經濟外交的雙邊化趨勢

從多邊到雙邊的轉向

　　經濟外交曾長期依賴多邊體系運作，透過 WTO、G20、APEC 等平臺推動全球化與市場開放。然而近十年來，隨著多邊談判效率下降、地緣政治摩擦加劇，以及國內政治壓力升高，越來越多國家選擇以雙邊協議取代多邊框架。

　　雙邊化的吸引力在於談判靈活、速度快，能針對特定需求量身訂做條款，並且更容易維護敏感的政治與經濟利益。對於一些大國而言，雙邊協定更是施展影響力與確立經濟優勢的重要手段，因為它能在談判桌上直接面對單一對手，減少利益分散與妥協的成本。

雙邊協定的戰略優勢

　　雙邊協定最大的優勢在於可塑性高。參與方可以根據彼此的經濟結構、產業需求與安全考量，制定專屬的貿易、投資、技術合作與金融安排。例如：一些協定專注於能源供應保障，一些則偏重於數位經濟與跨境資料流動。

　　此外，雙邊協定也能作為政治籌碼，鞏固戰略同盟關係或交換安全承諾。當雙邊經濟協作與安全合作捆綁在一起時，協議的政治意涵就遠超過經濟層面。

對多邊體系的衝擊

　　雙邊化雖然能在短期內加快合作落地，但長期而言可能削弱多邊體系的普遍性與一致性。當不同雙邊協定的規則不一致時，跨國企業在合

規上需要面對不同市場的複雜要求，增加成本與風險。

更嚴重的是，雙邊化可能加劇全球經濟的「圈層化」與「陣營化」。當主要經濟體以雙邊協定吸納夥伴國，形成緊密的經濟圈，其他國家若未被納入，就可能被排除在高標準市場之外，長期陷入貿易與投資劣勢。

雙邊化與經濟外交博弈

雙邊協定在經濟外交上的運用，往往帶有博弈性質。大國可以利用市場規模與投資能力作為談判槓桿，要求對方在政治或安全議題上做出讓步。這種「經濟換政治」的做法，在能源協定、基礎設施投資、技術合作等領域尤為常見。

同時，中小型經濟體也可能利用雙邊協定作為平衡大國影響力的工具。透過與多個經濟大國簽訂雙邊協定，它們可以在不同市場之間靈活調配資源，減少對單一國家的依賴。

雙邊化在數位與科技領域的擴展

隨著數位經濟與高科技產業成為國際競爭核心，雙邊協定的內容也逐漸延伸至資料治理、網路安全、人工智慧與半導體供應鏈等領域。這些協定不僅涉及市場准入與技術轉移，還包含對資料流動規則、隱私保護標準與技術合作模式的明確規範。

在某些情況下，這類科技型雙邊協定甚至會比多邊規則更具深度與細節，成為新興產業發展的制度基礎。

第 9 章　國際秩序與規則重塑

雙邊化的風險與限制

儘管雙邊化靈活高效，但它也存在顯著限制與風險。

首先，雙邊協定容易受到政治更迭的影響。當政權更替或政策優先順序改變時，協定可能被重新談判甚至廢止。

其次，雙邊化可能導致「條約過載」，當一個國家同時簽有大量雙邊協定時，協議之間的條款衝突與管理成本將大幅上升。

最後，雙邊化在面對全球性挑戰時顯得力有未逮，例如氣候變遷、疫情防控與跨國犯罪等問題，需要多邊合作才能有效解決。

未來的平衡策略

未來，經濟外交可能會呈現「雙邊化為主、多邊化為輔」的混合格局。對大國而言，雙邊協定將繼續作為影響力投射的重要手段；對中小國而言，多邊機制仍是維持談判平衡與避免過度依賴單一夥伴的安全網。

理想的策略，是在雙邊合作中嵌入多邊規則，確保協定內容不會與現有多邊體系衝突，並在必要時為多邊改革提供試驗平臺。這樣既能享受雙邊化的效率與靈活性，又不至於削弱全球經濟規則的穩定性。

外交策略的再配置

經濟外交的雙邊化趨勢，反映了國際合作從普遍規則走向針對性安排的現實轉變。它既是對多邊體系低效的回應，也是國家尋求戰略自主的方式。未來的國際秩序，將在雙邊與多邊之間不斷調整與重構，而能否在這種變動中維持規則一致性與合作精神，將決定全球經濟的穩定與繁榮。

9-8 國際法與主權經濟空間

主權與經濟自主的辯證

主權經濟空間，指的是一個國家在其領土與司法管轄範圍內，對經濟政策、資源分配、產業發展及貿易往來擁有的自主決策權。這是現代國際關係中主權的核心組成之一。然而，在全球化高度交織的今天，主權經濟空間的界線正變得模糊，因為國家在追求經濟利益的同時，也必須遵守國際法與多邊協定所制定的規則。

這種情況形成了一種辯證關係：一方面，國家希望維護自主決策權，保護本地產業與資源；另一方面，過度脫離國際規範可能導致孤立，失去市場與投資機會。

國際法對主權經濟的規範

國際法在經濟領域的影響，主要展現在國際貿易法、國際投資法與國際金融規則上。

首先，國際貿易法透過 WTO 與各類自由貿易協定，規範成員國的關稅、非關稅壁壘與市場准入，限制國家隨意更改貿易政策的空間。

其次，國際投資法透過雙邊投資協定與多邊條約，保障外國投資者的權益，並限制國家在特定情況下徵收或限制外資。

最後，國際金融規則涉及資本流動、貨幣政策透明度與金融市場監管，確保跨國交易與投資的穩定性。

這些規範共同構成了國際經濟秩序的基礎，也直接影響國家在經濟決策上的自主度。

第 9 章　國際秩序與規則重塑

主權空間的爭奪與挑戰

在實務中，主權經濟空間的爭奪主要發生在以下幾個領域：

第一，關鍵資源管理，例如能源、礦產與糧食。國家往往希望對這些資源保持絕對控制，但國際市場的需求與價格波動，會迫使其在出口政策與國際承諾之間做出平衡。

第二，產業補貼與技術保護。國家希望透過補貼與技術管制扶植本地產業，但這些政策可能違反國際貿易協定中的公平競爭原則。

第三，數位主權與資料流通。在數位經濟時代，國家希望掌握境內資料的存取與利用權，但跨境資料流動的需求與國際規範，可能與本地政策產生衝突。

地緣政治下的主權收縮與擴張

地緣政治競爭往往加速主權經濟空間的重新劃分。當國際局勢緊張時，國家傾向於強化經濟自主性，減少對外部市場與供應鏈的依賴。例如：在半導體、能源與糧食等關鍵領域，許多國家開始推動「回流生產」與「在地化供應」政策。

然而，在經濟相互依存度高的全球化背景下，過度追求自給自足可能導致效率下降與成本上升。這時，如何在維護主權經濟空間與參與全球市場之間取得平衡，就成為外交與經濟政策的核心課題。

國際法的彈性與主權談判

雖然國際法在一定程度上限制了國家的經濟自主性，但它並非完全僵化。在多邊與雙邊協定中，通常會設置「例外條款」或「政策空間」來因應特殊情況，例如國家安全、公共衛生與環境保護。

國家可以透過談判，在協定中爭取更多彈性，例如延長開放市場的過渡期、設定本地產業保護的特殊條款，或在數位經濟領域保留資料在地化的權利。這些談判空間正是主權經濟空間在國際規則框架下得以維持的關鍵。

未來的主權經濟空間重塑

　　未來十年，主權經濟空間將受到幾股力量的共同影響：

　　第一，數位經濟的崛起將迫使國際法調整對資料流動與數位市場的規範，國家將爭取更多在資料主權上的自主性。

　　第二，氣候變遷與環境政策將影響國際貿易與投資規則，碳邊境稅與綠色標準可能成為國家調整產業政策的新藉口。

　　第三，地緣政治對抗將加速經濟陣營化，促使國家在特定領域與盟友建立更緊密的經濟合作，同時與競爭對手保持距離。

規則與自主的平衡藝術

　　國際法與主權經濟空間之間的關係，就像一場持續進行的平衡遊戲。國際規則為全球經濟提供穩定與可預測性，但過度的規範可能壓縮國家的政策自主；主權經濟空間能保護本地利益，但若與國際規則脫節，就可能失去市場與合作機會。

　　未來的關鍵，在於如何透過談判與制度設計，讓國際法的框架與國家的經濟自主需求取得動態平衡，不僅維護全球貿易秩序，也保留各國在戰略產業、社會福祉與永續發展上的調控空間。這場角力不會終止，而是持續演化，考驗著每一個國家的智慧與談判力。

第 9 章　國際秩序與規則重塑

第 10 章
未來情境與對策

第 10 章　未來情境與對策

10-1 階段性降溫的可能性

衝突的曲線與降溫的節點

在國際經濟與地緣政治的博弈中，衝突往往不是直線升高，而是呈現曲線波動。即便雙方在某一階段陷入激烈對抗，也可能因為成本壓力、內部政治考量、經濟環境變化而暫時降溫。所謂「階段性降溫」，並不意味著問題徹底解決，而是雙方在衝突高點後，選擇暫緩行動、緩和語氣，以爭取戰略調整的空間。

這種降溫的節點，往往出現在衝突雙方認知到「持續升高的代價大於短期收益」的時刻，例如貿易戰中出口與進口雙雙受損、制裁措施引發金融市場動盪，或內部民意對長期對抗感到疲乏。

促成降溫的三大動因

第一，經濟壓力的累積。長期衝突會讓雙方的企業、產業與勞動市場承受巨大壓力，尤其是在能源、糧食、科技零組件等關鍵領域出現供應鏈中斷時，政府會面臨穩定經濟與緩解民生成本的迫切需求。

第二，國際輿論與外交壓力。當衝突影響到第三方國家利益，或引發全球市場不穩定時，來自其他國家與國際組織的調停與施壓，可能迫使當事雙方在外交上釋出善意，暫時緩和局勢。

第三，戰略資源的再分配。有時降溫並非出於善意，而是為了重新整合內部資源、修復產業鏈或準備下一階段行動。這是一種戰略性停火，表面和平，實則暗中調整。

降溫的方式與表現

階段性降溫並非單一形式,而是多層次的策略組合。

在外交層面,可能出現領導人會晤、恢復中斷的對話機制、簽署臨時性協議或暫緩部分制裁措施。

在經濟層面,雙方可能降低部分關稅、釋出有限度的出口許可,或恢復特定領域的技術交流,以穩定市場信心。

在輿論層面,官方媒體與政治人物的措辭會明顯轉向緩和,從挑釁轉為強調合作與共同利益。

這些表現的核心,不是徹底和解,而是為雙方創造喘息空間,避免衝突失控。

降溫的戰略風險

雖然階段性降溫能減輕短期壓力,但它也可能帶來戰略風險。

首先,降溫可能讓國內外誤以為衝突結束,從而削弱長期防範與結構性改革的動力。當民眾與企業對局勢鬆懈時,下一波衝突可能更具衝擊力。

其次,降溫期可能被對手用來加速自身戰略布局,包括技術自主研發、軍事部署或尋找新盟友,為未來的競爭做準備。

最後,如果降溫僅停留在表面,而核心分歧依舊存在,衝突可能在短期內再次升溫,甚至以更激烈的形式爆發。

歷史與現實中的降溫案例啟示

回顧近十年的國際局勢,可以發現階段性降溫多半伴隨著外部經濟衝擊。例如:兩大經濟體在貿易摩擦高峰後,因市場動盪與出口下降,

第 10 章　未來情境與對策

被迫達成「第一階段協議」以穩定雙方經濟；又如部分地緣政治衝突在能源價格飆升後，臨時簽署停火或恢復能源出口，以緩和全球壓力。

這些案例的共同點在於，降溫並不意味著信任的建立，而是出於現實利益的權衡。對於任何一方而言，關鍵是如何在降溫期有效利用時間，修補短板並減少對對手的依賴。

從底線思維看降溫機制

底線思維強調「最壞情況預估與可承受範圍判斷」。應對國際衝突時，階段性降溫可以視為一種「戰略喘息」，目的是避免情勢超出可控範圍，導致無法承受的損失。

在此邏輯下，降溫並不是衝突管理的終點，而是一個戰術環節。各方需要在降溫期內評估自身的經濟韌性、盟友網絡與資源分配，確保下一階段即使局勢再度惡化，也能維持基本穩定。

降溫是調整，不是結束

階段性降溫的本質，是衝突雙方在成本與收益權衡後，選擇暫時降低張力，以便重新布局。它既能避免局勢失控，也可能成為下一輪競爭的前奏。對決策者而言，真正的挑戰不在於降溫本身，而在於如何利用這段時間進行戰略修復與能力提升，確保未來在任何局勢下都能立於不敗之地。

10-2 升級為多線衝突的風險

多線衝突的定義與本質

多線衝突指的是一個國家或經濟體在同一時期同時面對多個不同方向的政治、經濟或軍事對抗。與單一衝突相比，多線衝突的複雜度與風險呈幾何級數增加，因為資源、注意力與外交籌碼會被分散，導致應對能力下降。

在經濟領域，多線衝突可能同時涵蓋貿易戰、科技封鎖、能源供應中斷與金融制裁；在地緣政治層面，則可能包括多個地區的軍事緊張與外交摩擦。當這些衝突疊加，會形成一種「壓力疊層效應」，讓局勢更難以控制。

多線衝突的典型觸發因素

第一，地緣政治連鎖反應。一場區域衝突往往會引發其他地區的勢力重新洗牌，造成新的摩擦。例如：能源出口國之間的競爭可能因某地區戰爭而升級，進而影響全球能源市場。

第二，經濟制裁與反制裁的外溢效應。當大國對彼此採取經濟制裁時，供應鏈中涉及的第三方國家也可能被波及，導致新的爭端與摩擦。

第三，科技與產業鏈的競爭升溫。高科技領域的競爭往往不止於一對一的對抗，而是牽動多國同時站隊，形成陣營化對立，讓衝突範圍擴大。

資源分散與戰略劣勢

多線衝突最大的風險，在於戰略資源的過度分散。軍事力量、經濟資本、外交人力與輿論影響力都有限，當它們被迫同時應對多個戰場

時，任何一條戰線出現漏洞，都可能被對手放大利用。

例如：若同時面對能源供應危機與金融市場動盪，政府可能必須在穩定物價與維持國際償付能力之間做出艱難取捨。這種資源掣肘不僅降低了應對效率，也可能迫使決策者在某些衝突中被動讓步，損害長期利益。

心理與輿論壓力的倍增效應

多線衝突不只是物質層面的挑戰，還包括心理與輿論戰的壓力。當民眾長期處於不確定性與危機氛圍中，對政府的信心可能迅速削弱，甚至出現社會分裂與抗議潮。

國際輿論也會放大這種壓力，因為多線衝突提供了更多負面敘事的素材，使得對手能在國際媒體中塑造不利形象，進一步削弱外交談判的籌碼。

歷史經驗的警示

歷史上，多線衝突往往對發起方極為不利。經典例子顯示，即便擁有強大經濟與軍事實力，長期的多線消耗戰仍可能導致國力衰退與內部失序。這是因為在多線壓力下，即便單一戰場沒有敗北，整體戰略的可持續性也會逐漸被消耗殆盡。

近年來的國際局勢亦證明，一旦主要經濟體在科技、能源與貿易三個方向同時受到挑戰，即使短期能維持穩定，也很難承受長期的高壓消耗。

降低多線衝突風險的策略

第一,優先級排序。決策者需要明確判斷哪些戰線是核心利益所在,必須全力維護;哪些戰線則可以透過外交協商或暫時讓步換取資源調度空間。

第二,建立跨部門危機應對機制。多線衝突往往跨越經濟、外交、軍事與科技等領域,必須有高效的跨部門協調系統來確保資源分配與資訊流暢。

第三,靈活的外交策略。透過多邊與雙邊談判減少不必要的戰線,或在非核心戰場尋求臨時性降溫,以集中力量應對關鍵挑戰。

從大國戰略視角看多線風險

大國戰略的本質在於維持國際影響力與安全利益,而多線衝突往往會動搖這一基礎。有效的大國戰略必須在擴張與防守之間找到平衡,不僅要預測對手可能開闢新戰線的時機與方式,也要提前在外交、經濟與軍事上部署防禦。

如果戰略設計忽略了多線衝突的可能性,國家就容易陷入被動,在不同戰線上逐一失分。

避免同時點燃多把火

升級為多線衝突的風險,不在於單一戰場的激烈程度,而在於多場衝突的疊加效應會迅速放大資源與心理壓力。對決策者而言,關鍵不只是如何在現有衝突中取勝,更是如何防止新的戰線被無限打開。唯有在戰略上保持集中、在外交上靈活調整,才能避免在多線壓力下陷入全面失衡。

10-3 科技「付費許可」模式的常態化

付費許可的概念與轉變

科技「付費許可」模式指的是關鍵技術、專利、軟體平臺與研發成果,不再單純透過一次性購買或永久擁有的方式取得,而是採取定期授權、分級付費或依使用量計費的模式,讓使用者必須長期支付費用以維持使用權。

在過去,企業或政府購買一項設備、技術或軟體,往往是一次性投資,後續只需支付維護費用。然而,隨著技術迭代速度加快與智慧財產權意識提升,技術供應方傾向將授權模式轉變為可持續收費的架構,以確保收益穩定並防止技術外流。

模式常態化的驅動因素

第一,研發成本高昂。尖端技術的研發需要龐大資金與長期投入,企業更傾向透過授權收費的長尾模式回收成本,而非依賴一次性交易。

第二,智慧財產權保護的加強。全球專利制度日益嚴格,供應商可藉由授權合約明確限制技術的使用範圍與再分發權利,避免競爭對手低成本取得相同技術。

第三,數位化與雲端化的普及。當技術以雲端平臺、SaaS(軟體即服務)或 API 形式提供時,授權與使用的控制權完全掌握在供應商手中,更容易實行定期收費與功能鎖定策略。

對使用方的影響

付費許可模式的常態化，對企業與國家帶來不同層面的影響。

在成本結構上，企業必須將原本一次性支出的資本性投資，轉化為長期的營運成本，並承擔授權價格隨時間調漲的風險。

在技術自主性上，依賴付費許可意味著關鍵技術控制權始終掌握在他方手中，一旦發生政治、法律或市場變動，供應方可立即中止授權，導致業務運作中斷。

在創新能力上，長期付費模式可能抑制使用方自主研發的動力，因為相較於投資龐大資源自行開發，支付許可費似乎更具短期成本效益，但長期卻可能陷入技術依賴。

供應方的策略運用

對技術供應方而言，付費許可不僅是一種商業模式，更是維持市場控制與地緣政治影響力的工具。

透過合約條款，供應方可以：

(1) 限制技術出口的對象與用途，達到戰略性封鎖的目的。

(2) 依市場狀況或談判需求，調整授權費率以施加經濟壓力。

(3) 藉由版本更新與功能分級，強迫使用方升級並支付更高費用。

(4) 這種模式在關鍵技術領域（如半導體設計軟體、先進製造設備、人工智慧演算法）特別常見，甚至成為地緣政治博弈的一部分。

風險管理與應對之道

對於使用方而言，面對付費許可模式的常態化，需要從策略與制度上提前布局。

第 10 章　未來情境與對策

第一，分散技術供應來源，避免單一依賴。透過多家供應商或開放源碼技術降低被鎖定的風險。

第二，建立自主研發計畫，在核心領域逐步減少外部授權的比重。即便無法完全取代，也應保留足以維持運作的最低自主能力。

第三，談判授權合約時爭取更長的固定費用期與技術轉移條款，以增加成本可預測性與自主性。

第四，透過國際合作與多邊談判，促進公平合理的授權規則，避免技術供應方過度濫用市場地位。

案例啟示與未來趨勢

近年來，多個國家在關鍵產業上遭遇授權限制的情況顯示，付費許可模式不再只是商業條款，而是國際經濟安全議題的一部分。一些國家因此推動本土替代計畫，或組成國際研發聯盟，試圖在技術上實現部分自主。

未來十年，付費許可模式可能進一步延伸到更多領域，包括新能源技術、生物製藥、量子計算與航太科技等，並且在合約設計上結合數位監控手段，即時追蹤使用狀況並自動執行限制條款。

技術依賴與自主的平衡

科技「付費許可」模式的常態化，是全球技術競爭與商業模式轉型的必然結果。對使用方而言，最大的挑戰不是支付費用本身，而是如何在確保短期運作穩定的同時，避免陷入長期的技術依賴。只有在商業談判、政策制定與研發投入之間找到平衡，才能在這種新常態下維持技術自主與經濟安全。

10-4 全球供應鏈割裂的長期後果

供應鏈割裂的現象與背景

全球供應鏈割裂，是指原本高度整合、跨國分工的產業鏈，因地緣政治衝突、貿易戰、制裁政策、疫情衝擊或安全考量而被迫分離，形成多個相對獨立、互不信任的區域性供應體系。這種割裂趨勢，打破了過去數十年全球化下的「成本最優化」模式，讓企業與國家不得不重新思考供應鏈配置。

在過去，企業往往根據效率與成本考量，將生產環節分布在全球不同地區，以獲取最佳的原材料價格、勞動力成本與市場接近度。然而，當政治風險與安全考量凌駕於成本優勢之上，供應鏈便不再以「全球最優」為目標，而是以「風險最小化」為優先。

割裂的直接衝擊

第一，成本上升。當企業將生產線從原本低成本地區轉移到本地或友好國家時，往往面臨勞動力成本、土地成本與物流成本的增加。這種成本上升不僅反映在生產端，也最終轉嫁到消費者價格上，推升通貨膨脹壓力。

第二，效率下降。全球化時代的供應鏈配置追求規模經濟與專業化分工，而割裂使得企業不得不在多個地點重複建設產能，降低整體營運效率。

第三，技術流通受阻。當不同供應鏈陣營之間的技術交流受限，新技術的推廣速度放慢，甚至形成兩套或多套不兼容的標準體系，增加全球市場的碎片化程度。

第 10 章　未來情境與對策

對產業結構的長期影響

供應鏈割裂對產業結構的影響是深遠的。

在製造業，高度依賴全球零組件與原料的行業（如汽車、電子、航空）將面臨更複雜的零件追溯與合規問題。

在高科技產業，割裂可能導致技術生態系統的分化，例如晶片設計、作業系統與通訊協定出現多個不互通的版本，使研發成本大幅上升。

在能源與原材料領域，國家可能傾向建立戰略儲備與長期供應協議，以應對外部供應中斷的風險，這也會改變市場的價格波動模式。

地緣政治與經濟安全的互動

供應鏈割裂並非單純的經濟現象，而是深受地緣政治影響。當大國之間的戰略競爭加劇，供應鏈就會成為經濟安全的延伸工具。限制對手取得關鍵零組件、原材料或製造設備，成為壓制對方科技與產業發展的手段。

反過來，受制於供應鏈割裂的國家也會加速在地化生產與技術自主，形成更多閉環式供應體系。這種互動關係會進一步加劇全球經濟的陣營化，使不同陣營之間的合作空間縮小。

企業的生存策略轉變

在割裂的環境下，企業不再只關注成本與效率，而是必須在風險管理上投入更多資源。

第一，建立多元化供應來源，確保即使某一地區出現政治或自然災害，也有替代方案可用。

第二，增加庫存與安全儲備，以應對突發的供應中斷，儘管這會提高資金占用與倉儲成本。

第三，強化與友好國家或地區的產業合作，建立穩定且互信的供應網絡。

第四，投資數位化供應鏈管理系統，以提高透明度與應變速度。

長期經濟後果的三個方向

第一，全球通膨可能長期偏高。由於割裂帶來的成本結構上升與效率下降，商品與服務的價格中樞將抬升。

第二，創新速度可能放緩。技術交流受阻與研發資源分散，會降低新技術普及的速度與範圍。

第三，區域經濟整合將加快。在全球化受阻的情況下，區域性貿易協定與供應鏈合作將成為主要成長動力，但同時也可能加劇區域間的經濟差距。

從利潤塔策略看供應鏈重構

利潤塔策略強調企業應將資源集中於高附加價值環節，並建立不可替代的競爭優勢。在供應鏈割裂的背景下，企業更需要專注於那些能在多個供應鏈體系中同時發揮價值的核心能力，例如獨特的設計能力、專有技術或品牌影響力，這樣才能在不同陣營間保持市場空間。

同時，企業應該在關鍵環節建立「技術壁壘」，讓即使在供應鏈割裂的情況下，對手也難以完全取代其角色。

第 10 章　未來情境與對策

在分裂世界中的韌性經營

全球供應鏈割裂的長期後果，將是成本上升、效率下降與技術體系分化並存。對企業與國家而言，關鍵不在於能否回到過去的全球化模式，而在於能否在分裂的格局中保持韌性、確保關鍵資源安全並持續創新。只有在風險可控的前提下，全球經濟才能在割裂中找到新的平衡點。

10-5 新興市場的機會與風險

新興市場的定義與特徵

　　新興市場，通常指的是經濟成長速度快、產業結構正在轉型、金融市場逐步開放，但仍具有一定制度與基礎建設不足的國家或地區。它們兼具高成長潛力與高不確定性，既是跨國企業與投資者尋找成長動能的重要來源，也是全球經濟體系中風險的集中地帶。

　　與成熟市場相比，新興市場在資源供給、人口紅利、消費升級以及基礎建設投資上具備顯著優勢，但同時在政治穩定性、金融韌性與法治環境方面存在缺陷，這使得它們在全球經濟動盪中既可能成為受益者，也可能是第一批受衝擊的對象。

機會一：資源與能源供應

　　許多新興市場擁有豐富的自然資源與能源儲備，例如石油、天然氣、稀土礦與農業資源。這些資源不僅是全球產業鏈的重要支撐，也是吸引外資進入的重要籌碼。在全球能源轉型與綠色經濟興起的背景下，新興市場如果能將資源優勢與可持續發展政策結合，就能在國際貿易與投資中占據有利位置。

　　然而，資源型經濟的機會也伴隨風險。如果出口結構過於依賴單一資源，國際價格波動將直接影響財政收入與匯率穩定，形成所謂的「資源詛咒」。

第 10 章　未來情境與對策

機會二：人口紅利與消費升級

新興市場的另一個核心優勢在於年輕人口比例高與中產階級規模快速擴大。這意味著內需市場潛力巨大，消費升級將推動零售、科技、教育與醫療等多個產業的成長。

跨國企業若能在早期布局，建立品牌認知與分銷網絡，就能在新興市場的消費浪潮中占據領先地位。這種內需驅動的成長模式，能在一定程度上抵消外部市場波動帶來的衝擊。

機會三：基礎建設與數位化轉型

許多新興市場正處於基礎建設快速擴張階段，包括交通運輸、能源網絡、城市開發與數位基礎設施。基礎建設不僅是刺激經濟成長的重要引擎，也為外資與跨國企業提供了龐大的工程、技術與服務市場。

特別是在數位經濟時代，新興市場的手機普及率、網路連接速度與電子支付系統正快速提升，這為電子商務、雲端服務與金融科技的滲透提供了肥沃土壤。

風險一：政治與制度不穩定

新興市場的制度風險往往高於成熟市場。政權更迭、政策反覆、腐敗問題與社會動盪，都可能在短時間內改變投資環境。例如：一項大型基礎建設計畫可能因選舉後政策轉向而被中止，外資專案也可能因國有化或稅制調整而蒙受損失。

對外部投資者而言，這意味著需要更高的政治風險評估能力，以及在合約與專案設計上加入更嚴謹的保障條款。

風險二:金融市場脆弱性

雖然新興市場的金融體系在不斷發展,但多數仍缺乏足夠的深度與流動性,易受國際資本流動與匯率波動影響。當全球利率上升或美元走強時,資金往往迅速撤離新興市場,導致貨幣貶值、股市下跌與債務危機。

此外,新興市場的外債比例較高,若以外幣計價的債務無法償還,將對經濟穩定構成嚴重威脅。

風險三:地緣政治與外部衝擊

新興市場往往位於地緣政治敏感區域,容易受到鄰國衝突、貿易封鎖或制裁的影響。全球供應鏈的變化也可能讓新興市場在短時間內失去原有的比較優勢。例如:若主要出口市場轉向區域內生產,新興市場的出口收入將迅速下降。

同時,氣候變遷與極端天氣對依賴農業或資源出口的新興市場衝擊尤為嚴重,可能在幾個月內顛覆經濟結構。

策略一:多元化與在地化結合

對於希望進入新興市場的企業與投資者而言,成功的關鍵在於同時實現市場多元化與營運在地化。多元化能分散單一市場風險,在地化則能提高適應政策與文化變化的能力。這包括建立本地團隊、與當地企業合作、參與社會責任活動以提升社會認同。

第 10 章　未來情境與對策

策略二：靈活的資金與供應鏈配置

在新興市場投資時，資金配置必須保留高度靈活性，確保在突發情況下能快速撤資或調整規模。同時，供應鏈應該採用「雙通道」策略，既能利用當地的成本與市場優勢，也能在危機時依靠替代生產基地維持運作。

策略三：政策與風險預警系統

建立持續監控新興市場政策與經濟數據的系統，能在政治變動或經濟危機發生前及早反應。這種風險預警機制，應涵蓋法律變化、社會輿論、金融市場走勢與國際關係動態，並與決策層緊密銜接。

高報酬與高風險的平衡術

新興市場的本質是一個高報酬與高風險並存的舞臺。對企業與投資者而言，機會與陷阱往往並行，關鍵在於能否在風險可控的前提下抓住成長動能。只有在深入了解當地市場特性、建立靈活應變能力並持續評估外部環境的基礎上，才能在這片充滿變數的土地上獲得長期成功。

10-6 國家產業政策的調整方向

全球經濟轉型下的政策再定位

在全球化格局重新洗牌、地緣政治風險升高、科技與能源轉型加速的背景下,國家產業政策已不再只是單純的經濟成長工具,而是兼具經濟安全、社會穩定與國際競爭力的綜合戰略。過去依賴出口導向與低成本優勢的模式,在高科技自主、綠色轉型與數位經濟興起的浪潮中,正面臨必須轉向的壓力。

新一輪的產業政策調整,必須在「成長」與「安全」之間找到平衡,同時兼顧長期競爭力與短期抗壓能力,才能在多變的國際環境中站穩腳步。

方向一:科技自主與研發驅動

隨著半導體、人工智慧、量子運算、綠色能源等關鍵技術成為國際競爭核心,產業政策必須加大對自主研發的投入,降低對外部供應鏈的依賴。

這不僅包括對基礎科學研究的長期支持,也涵蓋產學合作、研發補助、創新基金等機制,以加速技術成果的商業化。

此外,國家需建立關鍵技術的戰略儲備與核心人才培育體系,確保在國際技術封鎖或供應中斷時,仍能維持產業運作。

方向二:能源轉型與綠色產業

氣候變遷與碳排放限制,正重塑全球產業結構。國家產業政策必須將能源轉型視為長期戰略,推動再生能源(如風能、太陽能、氫能)的發

展,並建立智慧電網與儲能系統,以提高能源使用效率與穩定性。

同時,政策需引導傳統高排放產業進行低碳化改造,並透過碳稅、碳交易市場與綠色金融,激勵企業投入環保技術與循環經濟模式。這不僅是國際承諾的履行,也是搶占綠色產業全球市場的關鍵。

方向三:數位經濟與基礎設施現代化

在數位化與智慧化的浪潮下,國家必須將數位基礎設施視為與道路、港口同等重要的戰略資源。高速網路、雲端平臺、人工智慧運算中心與跨境資料安全體系,都是支撐數位經濟發展的基礎。

產業政策應引導各行各業加速數位轉型,並制定明確的資料治理規範,平衡資料流通與隱私安全。此外,智慧城市與物聯網的普及,將為零售、交通、能源與公共服務帶來全新的商業模式與效率提升空間。

方向四:區域平衡與產業韌性

過度集中在單一地區或單一產業的經濟結構,會在突發事件中暴露出脆弱性。國家產業政策需推動區域平衡發展,鼓勵新興產業與製造能力在不同地區布局,以分散風險並促進均衡就業。

同時,透過稅收優惠、基礎設施投資與人才引進政策,吸引企業在非主要城市設立研發與製造基地,形成多層次的產業生態系統,增強整體抗衝擊能力。

方向五:國際合作與市場多元化

在全球供應鏈割裂與貿易摩擦的背景下,過度依賴單一出口市場或單一進口來源將增加經濟風險。產業政策需推動出口市場多元化,積極

參與區域貿易協定與雙邊合作機制，開拓新興市場機會。

同時，在技術標準制定與產業聯盟中發揮更大作用，確保本國企業能在國際市場上保持競爭力，並在規則制定過程中影響遊戲規則。

方向六：人才與教育改革

產業轉型離不開人才支撐。政策必須提前布局，將教育體系與產業需求對接，培養跨領域能力的人才，特別是在人工智慧、大數據分析、能源工程、生物科技等前沿領域。

除了正規教育，還需推動職業培訓與在職進修，幫助勞動力適應快速變化的產業需求，減少結構性失業的風險。

從能源革命觀點看政策調整

能源革命的經驗告訴我們，技術突破與政策引導必須並行，否則創新成果難以快速落地，市場也缺乏轉型誘因。未來的國家產業政策，應該以「技術—市場—政策」三位一體的方式運作，確保新興產業在技術成熟的同時，能獲得足夠的市場需求與政策支持。

前瞻與韌性的政策組合

未來的國家產業政策，不再是單一目標的推進計畫，而是多元策略的協同組合。它必須兼顧科技自主、能源轉型、數位基礎、區域平衡、國際合作與人才培育，並在面對全球不確定性時保持韌性與靈活性。唯有如此，才能在激烈的國際競爭中，不僅守住底線，更在新一輪產業格局中搶占先機。

10-7 企業應對貿易戰的策略地圖

貿易戰的企業衝擊全貌

貿易戰不僅是國家之間的關稅與制裁博弈，它在企業層面的影響更為直接與立竿見影。關稅上升會提高進口成本，出口限制會縮小市場空間，供應鏈中斷則可能導致交貨延遲與客戶流失。對企業來說，貿易戰意味著必須在不確定的環境中保持營運穩定，同時調整策略以維持競爭力。

這種情況下，企業的應對策略必須具備即時反應能力、靈活調整結構的彈性，以及在談判桌上爭取最佳條件的技巧。

策略一：市場與產品多元化

避免對單一市場過度依賴，是貿易戰中的首要生存原則。企業應積極拓展不同地區的銷售網絡，尤其是尋找關稅影響較小或與本國有自由貿易協定的市場。

同時，產品線也應多元化，避免依賴單一類別的產品帶來主要營收。透過開發符合不同市場需求的產品組合，不僅能分散風險，也能在部分市場衰退時，依靠其他市場支撐營運。

策略二：供應鏈彈性化與在地化

在貿易戰環境下，供應鏈的穩定性直接決定企業能否交付產品與服務。

第一，建立多來源採購策略，確保原材料與零組件能從不同地區取得，降低因某地受制裁或封鎖而導致的中斷風險。

第二，推動部分在地化生產，尤其是在主要市場內建立製造基地或合作夥伴，以避免跨境運輸帶來的關稅與物流延誤。

第三，投資數位化供應鏈管理系統，以便即時監控庫存、訂單與物流狀況，快速調整生產計畫。

策略三：成本結構優化與價格策略

在關稅上升與成本增加的壓力下，企業必須重新檢視成本結構，尋找降低生產與營運開支的空間。

可以透過自動化技術提升生產效率，外包非核心業務以減少固定成本，或與供應商重新談判合約以獲取更佳條件。

在價格策略上，企業可考慮分區定價或產品差異化，將關稅成本部分轉嫁至終端消費者，同時維持市場競爭力。

策略四：談判籌碼與政策互動

企業在貿易戰中並非被動承受方，而是可以透過政策遊說與產業協會發揮影響力。

首先，積極參與產業聯盟與商會，向政府反映貿易政策對營運的實際影響，爭取關稅減免、過渡期或特殊出口許可。

其次，在與海外合作夥伴的談判中，善用貿易戰帶來的雙方共同壓力，尋求價格、供應條件或市場分配上的有利安排。

此外，企業也可以藉由戰略合作與合資模式，共同分攤風險並開拓新市場。

第 10 章　未來情境與對策

策略五：品牌與客戶關係的穩固

在貿易戰引發的市場波動中，品牌信任度與顧客忠誠度成為企業抵禦衝擊的重要防線。

透過加強售後服務、提升產品品質與透明溝通，企業可以在價格競爭之外，維持客戶的長期忠誠度。

當供應受阻或價格調整時，若企業能清楚向客戶解釋原因並提出替代方案，將更容易獲得諒解並保持合作關係。

策略六：財務穩健與風險預備金

貿易戰帶來的不確定性，意味著企業必須保有足夠的現金流與流動資產，以應對突發的成本上升或訂單減少。

建立風險預備金制度，確保在市場劇烈波動時仍能維持營運，並有能力投入必要的調整與轉型。

同時，利用避險等金融工具，降低匯率波動與原物料價格波動對財務的影響。

從商務談判視角看應對地圖

商務談判與推銷技巧在貿易戰環境中扮演關鍵角色。成功的談判，不僅是價格與條件的協商，更是建立長期合作框架與信任機制的過程。

企業應培養談判團隊的跨文化溝通能力，理解不同市場的商業習慣與法律制度，並在談判中準確掌握對方的痛點與底線，從而制定對應策略。

靈活布局,長期防禦

應對貿易戰,企業必須跳脫單一市場或單一產品的思維,以靈活布局、多元策略與長期防禦為核心,構建足以抵禦外部衝擊的營運模式。唯有如此,才能在全球經濟的不確定性中,不僅生存下來,還能尋找到新的成長契機。

■ 第 10 章　未來情境與對策

10-8 從貿易戰到新冷戰的轉化路徑

從經濟摩擦到全面對抗的邏輯鏈

貿易戰的起點，往往是針對關稅、進口配額或非關稅壁壘的爭端，目的是爭取更有利的市場准入條件或保護本土產業。然而，當經濟摩擦長期化、政治化並被安全化後，它就不再只是經濟領域的爭執，而是可能演變為涉及外交、軍事、科技、意識形態的全面對抗，進入類似冷戰的結構性競爭狀態。

這種轉化並非一蹴而就，而是經歷數個關鍵階段：經濟脫鉤、技術封鎖、地緣政治結盟與價值觀對立。當這些元素逐一疊加時，原本以經濟利益為核心的貿易戰，就會升級為影響國際秩序走向的「新冷戰」。

第一階段：經濟脫鉤的加速

經濟脫鉤是新冷戰形成的基礎。當貿易戰導致雙方大幅提高關稅、限制投資與禁止關鍵產品出口，供應鏈開始被迫重組。企業為降低政治風險而選擇「去依賴化」，將生產與採購轉移至政治關係更穩定的國家或地區，這會進一步減少雙方經濟互賴度。

經濟互賴度降低後，雙方對衝突成本的顧慮減少，從而更容易採取激進政策，推動對抗升級。

第二階段：科技與智慧財產權的封鎖

在經濟脫鉤的基礎上，科技封鎖會成為衝突升級的重要推力。當一方限制對另一方出口高科技產品、核心零組件或先進製造設備，並切

斷技術授權與研發合作，雙方在技術標準與產業生態上的差異會迅速擴大。

同時，技術封鎖往往引發對方的報復性政策，例如自主研發替代、建立平行供應鏈與推出自有技術標準，進一步加深兩大陣營間的制度隔閡。

第三階段：地緣政治結盟的固化

隨著經濟與科技對立的加劇，雙方會尋求透過地緣政治結盟鞏固自身的影響範圍。在此階段，貿易協定、軍事合作、基礎建設援助與外交支持往往綁在一起，形成「經濟－安全」一體化的聯盟體系。

這種結盟的特點是陣營內的經濟互通與技術共享會加強，而陣營外的交流則被嚴格限制，形成全球經濟的陣營化格局。

第四階段：價值觀與制度的對立

當雙方在政治制度、法律體系、媒體敘事與文化價值上逐漸背離，對抗的性質就從利益衝突轉變為意識形態對立。這時，即便在經濟上存在合作空間，雙方也可能因價值觀衝突而選擇保持距離或拒絕合作。

這種對立不僅展現在官方政策上，也滲透到民間交流與國際輿論中，進一步鞏固新冷戰的氛圍。

新階級社會視角下的結構性轉變

從社會階層與利益分配的角度來看，新冷戰的形成會加劇國際間與國內的階層分化。國際上，技術與資本密集的國家將形成高度整合的菁英陣營，享有更多市場支配權與規則制定權；而技術依賴與資本不足的

第 10 章　未來情境與對策

國家則被迫依附於某一陣營，喪失自主選擇空間。

國內層面，高科技、軍工與能源等戰略產業的資本與人力資源會迅速集中到少數利益族群手中，擴大收入差距與社會分化，進一步影響國家內部政策與對外戰略選擇。

轉化過程的戰略風險

從貿易戰到新冷戰的轉化過程中，存在多重戰略風險：

1. 衝突不可逆化

當雙方在價值觀與制度上形成敵對認知後，即便經濟合作能帶來實質利益，也難以回到原本的互信關係。

2. 全球治理機制弱化

多邊組織與國際協定可能因陣營對立而失去效力，全球性問題（如氣候變遷、公共衛生）缺乏協調平臺。

3. 區域衝突升級

在新冷戰框架下，區域性爭端更容易被大國利用作為代理衝突的戰場，增加地緣政治不穩定性。

應對新冷戰轉化的策略

第一，延緩經濟脫鉤速度，保留雙方互賴度，以降低全面對抗的誘因。

第二，推動跨陣營議題合作，例如能源安全、氣候治理與防疫合作，以維持最低限度的交流管道。

第三,鼓勵企業與民間組織維持跨境合作網絡,減少價值觀對立對實際交流的侵蝕。

第四,強化國內社會的包容性與資源分配公平,避免內部階層分化被外部對手利用。

從戰術衝突到戰略分裂的臨界點

貿易戰演變為新冷戰的過程,是從經濟領域的戰術衝突,逐步跨越到制度與價值觀的戰略分裂。一旦跨過這個臨界點,對抗就不再是暫時性的政策工具,而會成為國際秩序的長期特徵。對各國而言,能否在轉化過程中保留合作空間、減緩衝突不可逆化的速度,將決定未來幾十年的全球穩定性與繁榮前景。

全球貿易戰，晶片、石油與美元的三重對決：

在封鎖、制裁與去風險化中，誰能掌握下一輪全球經濟的勝利規則？

作　　　者：	喬友乾
發 行 人：	黃振庭
出 版 者：	財經錢線文化事業有限公司
發 行 者：	崧燁文化事業有限公司
E-mail：	sonbookservice@gmail.com
粉 絲 頁：	https://www.facebook.com/sonbookss/
網　　　址：	https://sonbook.net/
地　　　址：	台北市中正區重慶南路一段61號8樓

8F., No.61, Sec. 1, Chongqing S. Rd., Zhongzheng Dist., Taipei City 100, Taiwan

電　　　話：	(02)2370-3310
傳　　　真：	(02)2388-1990
印　　　刷：	京峯數位服務有限公司
律師顧問：	廣華律師事務所 張珮琦律師

-版權聲明-

本書作者使用 AI 協作，若有其他相關權利及授權需求請與本公司聯繫。

未經書面許可，不得複製、發行。

定　　　價：450 元
發行日期：2025 年 09 月第一版
◎本書以 POD 印製

國家圖書館出版品預行編目資料

全球貿易戰，晶片、石油與美元的三重對決：在封鎖、制裁與去風險化中，誰能掌握下一輪全球經濟的勝利規則？ / 喬友乾 著 . -- 第一版 . -- 臺北市：財經錢線文化事業有限公司, 2025.09
面；　公分
POD 版
ISBN 978-626-408-376-8(平裝)
1.CST: 國際經濟關係 2.CST: 經濟戰略 3.CST: 國家經濟發展
552.1　　　　　114012629

電子書購買

爽讀 APP　　　　臉書